鲸歌
我们拥有同样的音频和心跳

# 不负流年，不失美好

崔修建 / 著

四川人民出版社

图书在版编目（CIP）数据

不负流年，不失美好 / 崔修建著. —成都：四川人民出版社，2017.6
（中考热点作家美文系列）
ISBN 978-7-220-10227-1

Ⅰ.①不… Ⅱ.①崔… Ⅲ.①阅读课-初中-升学参考资料
Ⅳ.①G634.333

中国版本图书馆 CIP 数据核字（2017）第 129041 号

BUFULIUNIANBUSHIMEIHAO

## 不负流年，不失美好

崔修建 著

| | |
|---|---|
| 统　　筹 | 张春晓　唐　婧 |
| 责任编辑 | 张　丹 |
| 责任校对 | 袁晓红　王鲁琴 |
| 装帧设计 | 张　妮 |
| 责任印制 | 祝　健 |
| 出版发行 | 四川人民出版社（成都槐树街 2 号） |
| 网　　址 | http://www.scpph.com |
| E-mail | scrmcbs@sina.com |
| 新浪微博 | @四川人民出版社 |
| 微信公众号 | 四川人民出版社 |
| 发行部业务电话 | （028）86259624　86259453 |
| 防盗版举报电话 | （028）86259624 |
| 照　　排 | 四川胜翔数码印务设计有限公司 |
| 印　　刷 | 成都国图广告印务有限公司 |
| 成品尺寸 | 145mm×210mm |
| 印　　张 | 8.25 |
| 字　　数 | 210 千 |
| 版　　次 | 2017 年 8 月第 1 版 |
| 印　　次 | 2017 年 8 月第 1 次印刷 |
| 书　　号 | ISBN 978-7-220-10227-1 |
| 定　　价 | 26.00 元 |

■版权所有·侵权必究

本书若出现印装质量问题，请与我社发行部联系调换
电话：（028）86259453

## 第一辑
## 爱一天，美一天

爱意盈盈地在人间行走，随时都可能邂逅美好，随时都可能撞见幸福。在每一寻常的日子里，清澈如水地爱着，就会默然发觉：每一朵无名的花，都能讲出春天绚丽多彩的故事，每一片普通的叶子，都能记录岁月静美的足音。

天生美好　/ 003　你也可以如此优雅　/ 006

我想让他们听到我的掌声　/ 009　爱谁都幸福　/ 011

美给自己看　/ 013　心水清澈　/ 016　天使看见了她的爱　/ 018

每一天都要开心地舞蹈　/ 021　别样的汉堡包　/ 024

眼前就有好风景　/ 026　那是真正的富有　/ 029

幸福，是现在进行时　/ 032　久久飘逸的馨香　/ 035

熟悉的地方也有风景　/ 038

## 第二辑
## 赠你一片明媚,让生命绚美如花

相信世间所有的遇见,都是上苍的眷顾。无论是素锦华年还是垂暮之时,无论是身处顺境还是身陷逆境,赠你一片明媚,许我一缕馨香,即便纯真年代已远,我们仍能够真切地感到——因为有爱,生命的枝头始终芬芳飘逸。

你的美,不只是上帝看得到 /043  纯净的爱  /045

把我的明媚送给你  /048  幸福像花儿一样  /051

甜润一生的柿子  /054  不加锁的幸福  /057

向尊重致敬  /060  用金钱买到幸福  /062

有些傻,其实更可爱  /064

## 第三辑
## 因为深深懂得,所以爱得一往情深

能够从一棵古树盘曲的虬枝上读出岁月的厚爱,能够从一溪奔涌的清流中读出生命的欢喜,那一定是一个慧眼锦心的人,因为深深地懂得,会心甘情愿地爱上一朵白云,爱上一片草原,爱上擦肩而过的每一个人,爱上琐屑的平凡小事……一往情深,一次,便可以永恒。

知道你冷,所以我来　/ 069　美善的花静静地开　/ 073

为了那份信任　/ 075　母亲一直在倾听　/ 077

最好的收藏是欣赏　/ 079　因为我在那个位置上　/ 082

他最开心的那一天让人落泪　/ 084　美丽的一跪　/ 089

我看到了花的灵魂　/ 092　沉浸在一片静美里　/ 094

只想遇见你的人生　/ 097　心灵的皱纹不必抚平　/ 100

## 第四辑
## 每一份好时光，都有迷人的好风景

世间走得匆匆的，往往是最好的时光。真正聪慧的人，一定会好好地珍惜当下，善待每一个失不再来的今天，让自己每一天都能欣赏到好风景，让属于自己的好时光再多一些，让爱照耀的生活变得更加精彩。

那些动人的风雅　/ 105　　请你读懂一朵花　/ 108

慢慢地走上峰顶　/ 110　　行走，只为心灵的召唤　/ 113

淡定真好　/ 116　　只管向前奔跑　/ 119

把好风景装在心里　/ 121　　踏着月光回家　/ 123

两毛钱的小费　/ 127　　有些事情不去做，就是在行善　/ 130

转身之美　/ 133

## 第五辑
## 老去的是光阴，年轻的是真爱

纵然有一天眼睛已经苍老，但珍藏在心底的那些诗意绵绵的爱，却仍是年轻的模样，依然神采奕奕。只要你愿意，不管你走出多远，你都会惊喜地看到，真爱经过的每一片土地上，都在不断地生长出你想要的东西。

凝望生命的绿草地　/139　有一种爱是静水流深　/142
为爱而歌　/145　光阴珍藏的那些美好　/148
祖父最珍贵的遗产　/152　祖母的一针一线　/155
他让苦瓜无比香甜　/157　尚奶奶的小说　/160
最幸福的理发师　/163

## 第六辑
## 世界这么大,谢谢这一路有你陪伴

感谢上苍的怜爱,感谢命运的安排,穿过茫茫人海,你我能够相识、相知,能够一路风雨,一路阳光,相伴同行。在你的眼睛里,我看到了广袤的世界;从我的笑容里,你看到了真挚的情谊。你我相信,有一种陪伴,叫真爱无极限。

与爱相拥,便有无数的良辰美景 /169　陪你走一程 /172

老师的样子像天使 /176　你也可以做喜剧的主角 /179

举手之间,善美花开 /183　心轻草亦香 /186

过时的明信片 /189　甘甜的不只是井水 /192

一念善心 /194　约你一起开花 /197

## 第七辑
## 万人给的掌声,不及你给的一个拥抱

此去经年,世事沧桑,那么多苦辣酸甜过后,蓦然回首,我惊愕地发现——自己常常在迷恋那些远方的巨星时,忽略了始终陪伴自己的近处的星光。万人送给我的那些赞许的掌声,远远赶不上你在我最需要的时候,送上的那一个最贴心的拥抱。

你的美,我知道　/203　　父亲是"蜘蛛侠"　/206

流泪的散沫花　/210　　奇迹的名字叫父爱　/214

因为她是母亲　/216　　沉重的十块钱　/219

不为儿子骄傲的母亲　/222　　无法删掉的手机号码　/225

赞赏儿子的工作　/228

## 第八辑
## 不曾流泪的人生，注定是遗憾的

有些疼痛，是生命成长必须要承受的；有些泪水，是人生路上必须要流淌的。生活注定会有许多的不完美，注定会有不少的遗憾，不是所有爱的努力，都能够如愿以偿。无须抱怨什么，即使迎着风雨前行，你爱的信念不动摇，你的双脚就一定会带你走进明媚的天地。

邂逅你的苦涩年华　/233　本是一颗不幸的黑痣　/237
那个跟头摔出来的是精彩　/240　四分钱的午餐　/244
心　疼　/247　像自己这样生活　/250

## 第一辑
## 爱一天,美一天

爱意盈盈地在人间行走,随时都可能邂逅美好,随时都可能撞见幸福。在每一寻常的日子里,清澈如水地爱着,就会默然发觉:每一朵无名的花,都能讲出春天绚丽多彩的故事,每一片普通的叶子,都能记录岁月静美的足音。

## 天生美好

老人的小屋在大山的深处,在罕有人至的北极村以北的桦树岭腹部,一条小溪从小屋前静静地流过。

见到老人时,他正悠然地倚靠着一块青石板,惬意地晒着太阳。

我问老人:"听说您一个人在这里生活了十几年了,没有寂寞的感觉吗?"

老人乐呵呵地说:"我不知道啥叫寂寞,我只知道每天都有很多事情要做。"

我不解地问:"您这么大年纪了,还有很多事情要做?"

"是啊,早晨起来,带着我的大黑(一只忠厚的老狗),看看我房前屋后的果树、菜园,瞧瞧我那些欢蹦乱跳的鸡鸭鹅兔,满眼都是生长的快乐。等露水退去了,顺着那条山梁往上走,能看到一大片特漂亮的白桦林,随便找一棵,只要你愿意,就会从树干上一个个像疤痕似的"亮眼睛"里,读到很多生活真实的秘密。还有,你只需俯下身来,脚边的每一棵小花小草,都会跟你说很多的话呢……"老人说着,忽然将手指放到嘴边做了屏声个手势,然后将头仰向蔚蓝的天空。随着老人的目光,我看到了一团洁白如絮的薄云,正变幻着形态朝远处飘去。

"真美啊!"我不禁在心中轻轻地赞叹了一句。

似乎过了好长一段时间，老人才收回那欣赏的目光，不无自豪地告诉我："多好啊，在这里，不用花一分钱，随时都能看到好风景。比坐火车坐飞机，累得够呛地到外面去旅游要舒坦多了。"

"你天天待在这里，就没有厌倦过？"我想说这里太沉寂了，是不宜久居的。

老人依然笑着："天天都会碰到新鲜的事情，天天都有让人高兴的发现，怎么会厌倦呢？你看我养的那些花开得多好，还有那些果树，长得多精神。哦，你再看这几只蚂蚁，多勤快啊。"老人怜爱地指着脚边那几只正搬运食物的小蚂蚁，哲人般地告诉我："细细地瞧，细细地听，细细地品，哪里都有叫人舒心的好景致。"

"没有想过去山外看看么？"我知道老人有一个优秀的儿子在美国经商，很富有。

"也出去走过，但我感觉哪里的风景也没这里的好，天生美好。"老人站起来，硬朗的身板像一棵阅尽沧桑的老树。

"天生美好？"我轻轻地重复了两遍，望着老人那一脸的认真，一缕淡淡的芬芳，幽幽地在心底升起。

"是啊，天生美好。一棵树有一棵树的梦想，一朵花有一朵花的心事，一条河有一条河的故事，一块菜园有一块菜园的日子，它们都是善解人意的好朋友，你可以跟它们说心里话，也可以默默地听它们讲述生活的秘密。只要你愿意，肯停下来，肯用心去观察，去体会，你就会发现身边有那么多的美好，其实很简单，也很丰富，你的心情美好了，你的世界就美好了。"老人的话就像一条唱着歌谣自信地朝远方而去的无名小溪。

"天生美好"，多么富有深意、又多么富有想象力的四字箴言啊！因为老人教给我的"天生美好"，当我再置身于喧嚣的都市，会陡然少了许多疲惫与烦恼，多了许多轻松和惬意，因为我拥有了许许多多惊喜的发现。譬如，从原来叫我心烦的收废品的梆子声中，我听到了一种叫坚韧的声音；从拥挤的公交车上，我看到了许多叫温暖的场景；从酷暑期的加班中，我真切地感到了"我很重要"；从独自的夜晚里，我触摸到了"时间轻轻的脚步"……

哦，原来有那么多天生的美好，就簇拥在我们每个人的身边，只要愿意，谁都可以去发现，可以去拥抱，生活也会因此变得更加美好……

## 你也可以如此优雅

踏着金黄的落叶,我沿着松花江大堤徐徐而行。秋日的江水,像一幅陈年的油画,多了一分宁静与澄碧,也多了一分耐人寻味的深邃。

受北京一家杂志社的约请,我要去采访一位已是耄耋之年的剪纸艺人。因为距约好的时刻还早,我便决定先在江畔走走。于是,我就惊喜地邂逅了那个在江堤上以水代墨练书法的他。

这些年来,在城市里的许多公园或广场上,我不时会碰到一些拎着水桶、拿着特制的笔、旁若无人地挥毫泼水,一展水书技艺的书法爱好者。偶尔,也会驻足欣赏一会儿,默默地品评一番。

其实一下子吸引住我目光的,是他手中挥舞的那支独特的大笔,更像是随处可见的一把拖布,长杆的一头是粗糙的棕棉,那样随意而懒散的一束,与我在单位里每天擦地的拖布没什么两样。

然而,就是那样一把再寻常不过的拖布,被他蘸了清水后,一只手挥舞着,笔走龙蛇,上下翻飞,一会儿的工夫,江堤上便留下一串气势磅礴的行草,内容正是毛泽东的名篇《七律·长征》。

"哦,好功夫。"我禁不住赞叹起来。

"过奖了,不过是信手涂鸦而已。"他谦逊着,手却没有停下来。

"练了很久了吧?"我指了指他那遒劲的书法。

"一年多了。以前身体没毛病的时候,整天忙着工作,怎么也不会想到我这个大老粗,还能练书法,而且是水书。"他淡然地回答。

"看你现在这身手,蛮健康的啊!"看他很轻松地舞动着手中的拖布之笔,谁能想到他是一个病魔缠身的人呢?

"是的,我也感觉自己很健康。"他脸上泛着红润的光。

他与我接下来的交谈,却让我惊讶万分。他语气平淡地告诉我:他姓耿,今年刚刚五十岁,去年查出了胃癌,已切除了四分之三的胃。上个月,又查出了胰腺癌,医生说已没有动手术的必要了。

我怔怔地看着老耿,仿佛在听他轻描淡写地说着别人的事情。

"你是不是很奇怪,我都已被死亡预约了,为什么现在还要练字?"他看出了我的困惑,"我只读过五年书,这一辈子似乎都没有摆脱贫困,日子稍微好了一点点,又让癌症给缠住了。刚开始,我也曾抱怨命运不公。后来,也就坦然了,穷也罢富也罢,好也罢坏也罢,不都是过日子吗?于是,我就决定用最节俭的方法练字,补上年轻时的遗憾。"

"就这么简单?"我望着老耿那早已悟透人生的双眸。

他点点头,又继续书写,这回他写的是楷书,内容是《声律启蒙》中的句子。

看着他那样一笔一画,认真得像一个小学生,我不由得对着那些很快便要被阳光擦掉的字迹肃然起敬,仿佛那些匆匆逝去的水字,是一只只会说话的眼睛,在无声地告诉我关于生命和人生的某些真谛。

在告别老耿去采访剪纸艺人的路上,我又有幸结识了一位摆水果摊的诗人。

我在挑选水果的时候,他似乎根本没看见我这位顾客,只顾握着一截铅笔头,在一个演草本上快速地涂抹着,他头摇晃着,嘴里还在不停地念叨着。

耐心地等他停了笔,为我称量、包装好水果,我好奇地问他:"刚才那么专注,在写什么呢?"

他有些腼腆道:"写诗呢,突然来了灵感。"

"我可以拜读一下么?"我怎么也不会想到眼前这个人,在这样的生活境况里,竟然还保持着一份难得的诗情。

"只是喜欢,主要是写给自己看的。"他犹豫了一下,还是把写诗的本子递给了我。

哦,他写了不少呢,其中不乏让人眼睛一亮、心灵一颤的好诗句。比如写向日葵的:"你金光四溢的花环/将明媚地旋转整个夏日/像花中的女皇/威仪而典雅";写菠菜的:"你内心深藏的铁/有着怎样摄人魂魄的光芒/在生命中多么不可或缺";写彼岸花的:"你不是我的彼岸花啊/我谦卑的愿望/缀满所有感恩的土地/从一粒被岩隙收容的种子开始/此后的时光全部用满怀的期待和追寻充盈"……读着他的那些从生活中提炼出来的精美的诗句,我的心仿佛被一双温暖的手柔柔地抚摸着,尘世的喧嚣和嘈杂,在那一刻全都被屏蔽了。

"真好!能够写出这么多美丽的诗句,真是一个叫人羡慕的诗人。"我敬佩地望着面前这位其貌不扬的水果摊主人,想他一定有着锦绣的心思。

"谢谢您的鼓励,我写诗只是不想让生活低到尘埃里。"他随口的一句表白,竟也是那样的诗意盎然。

在剪纸老艺人素雅的小屋里,我从老人的口中得知,那个摆水果摊的中年人,妻子是一个精神病患者,他下岗多年了,靠着摆水果摊供出了一个读北大的女儿。我又一阵惊愕后,又提到了老耿。老人轻轻地道了一句:"这样生活的人,在我们的身边,其实有很多呢。"

是啊,仅仅在一天里,我便有幸遇见了三位拥有优雅生活的人,他们虽然都是普通的凡夫俗子,也有着常人的苦恼、窘迫与无奈,但他们都不约而同地选择了优雅,选择了站在精神高地上,把世俗的日子过得更精彩,更有品位。

优雅就这么简单,你也完全可以做得优雅一些,再优雅一些。

## 我想让他们听到我的掌声

在2012年伦敦奥运会马拉松比赛的赛场外,有一位始终坐在轮椅上的观众,叫塔比雅。她来自利比亚,自幼失去了双腿,只上过几年学,她现在是一家花店里的临时工,每个月只能赚到少得可怜的薪水。连行走都很吃力的她,却是一个十足的体育迷,无论是球类运动,还是田径运动,她都很喜欢。只要有机会,她就想方设法去看比赛。

今年7月,她毅然花掉了自己辛苦积攒的全部积蓄,几经辗转,终于来到了梦想中的伦敦。然而,近在咫尺的奥运赛场,她却无法进去。因为囊中羞涩的她,已买不起哪怕最廉价的一张进场观看比赛的门票了。对此,她似乎一点儿也不沮丧,因为她欣喜地发现,还有一些不要门票的比赛,比如马拉松。

为了能够挑选到一个最佳的观赏位置,她提前一周,摇着轮椅,顶着烈日,细心地探查了马拉松比赛的路线。确定了一处最佳的观看点后,她激动地舞动双臂,像一只展翅欲飞的鹰。

然而,不幸的事情发生了:比赛开始前两天,她感冒了,吃药、打针,高烧依然不退。

怎么办?难道躺在病床上,通过电视看比赛?这个念头一闪,便被她掐灭了。她必须到现场去,尽管那天她发烧更厉害了,脸烧得通红,她仍没有丝毫的犹豫，服过药，便吃力地摇着轮椅早早来到选好的地点，准备为每一位从自己面前跑过的运动员加油。

第一批运动员跑过来时，她和周围的观众一同热烈地鼓掌、呐喊，仿佛自己也是一个健康无比、精力充沛的超级粉丝。

随后，一拨拨的运动员跑过来，她不停地为他们鼓掌，热情而执着。

直到掌声欢送最后一名运动员从身边跑过，她才瘫软地倒在轮椅上，蓦然发觉自己高烧还没退，浑身烫得吓人。

一位记者惊讶地问她："其实，你完全可以在电视上看到全景的赛况转播，为什么非要带病亲临现场看比赛？"

她微笑着回答："我想让每一个从我身边跑过的人，都能听到我的掌声。"

"这对他们很重要么？"记者仍然有些不解。

"这对我很重要。虽然我今生再也无法健步如飞，我却可以坐在路边，把我由衷的赞美，热情地奉上。"她一脸的自豪，仿佛胸前挂着金灿灿的奖牌。

我不禁想到了台湾作家刘继荣的女儿说过的一句话："我不想成为英雄，我只想成为坐在路边鼓掌的人。"

我知道，塔比雅的掌声并不响亮，对于那些飞跑的赛手似乎无足轻重。然而，那掌声是发自她肺腑的，是她对英雄由衷的赞赏，更是她对自己平凡生命的一种肯定。

伦敦奥运会马拉松比赛冠军的名字，我很快就忘记了。然而，那个在轮椅上拼命鼓掌的穿红衣服的女子塔比雅，却被我深深记住了。隔着万水千山，电视机前的我，分明清晰地听到了她自信、热情的掌声，听到了一种生命从容、壮丽的声音。

## 爱谁都幸福

凯瑟琳是一位年过七旬的芬兰老太太。

最近几年，凯瑟琳一直在给中国西部山区的孩子们捐赠书本和衣物，她的每一份捐赠的署名，都是"爱与你们在一起"。

一位新华社记者，偶然得知了凯瑟琳的善举，希望能够通过越洋电话采访她。可是，不管记者如何诚恳地请求，她都固执地谢绝采访，她的理由是：自己喜欢给别人一点儿爱，也仅仅是给了一点点的爱，不值得宣传报道。

今年春天，那位心生敬意的记者以一位游客的身份来到芬兰。不经意间，记者来到凯瑟琳的家乡，邂逅了已79岁的老人。

凯瑟琳独自居住在一片茂密树林里的一栋小屋，屋前有条潺潺的小河，屋后是一条往来车辆不多的公路。

退休后，她一直住在这里，她收养了好多小动物，它们给了她许多快乐。她原先驾驶过一台老旧的别克车，三年前报废了。现在，她每周要搭车去10公里外的一个小镇购置生活必需品。

其实，她原本可以去首都赫尔辛基，与当法官的女儿一起安享晚年幸福时光。但是，老人始终放心不下自己收养的那五只流浪猫和两条流浪狗，还有树林里一些需要帮助的鸟。每到大雪纷飞的日子，她都会为它们撒一些早早准备好的食物，帮它们抵御严寒。

虽说她多年远离繁华的都市，她的心却牵挂着五湖四海的人们。近十多年来，她为非洲的难民捐过衣物，为阿富汗被地雷炸伤的村民寄过药品，为遭遇地震的海地灾民邮寄过帐篷。每当在电视里看到遭受灾的人，她总想帮一下。尽管她的退休金并不高，有限的积蓄已几乎全都捐了出去，但她还是愿意伸出援助之手，虽然很多人并不知晓她的名字，不知道她的生活境遇。

记者惊讶地问凯瑟琳："为何自己那样省吃俭用，还要去帮助远方的那些人？"

"因为他们需要爱。"老人平静地回答。

"你爱那些小动物，爱身边的人，这都容易理解，可那些如此遥远的素昧平生的人，为何还要去爱呢？"望着满头银发的凯瑟琳，记者还是有些不解。

"爱谁都好，不管远近。"凯瑟琳脸上有神一样的慈祥。

原来如此！

陡然，记者的心似被什么东西，重重地撞了一下，有些疼，有些暖。

是的，我们许多人的爱，往往是范围比较小的爱，而胸藏大爱的凯瑟琳，却视野开阔，能够发自肺腑地爱上每一个需要爱的对象，无论爱谁，满怀的都是幸福。

## 美给自己看

朋友带我一路翻山越岭，前往深山密林间，去寻找那位养蜂人，只为给远方的亲人买到最为纯正的蜂蜜。

路上，朋友告诉我，那位养蜂人很能干，也很能吃苦，每年他都要带着蜂箱，去很远的山林里，找到蜜源最丰富、最安全的地方，一个人驻扎下来，长时间地忍耐着孤独，直到收获了让人啧啧赞叹的蜂蜜，才会欣然地回到山下的小村，和家人幸福地团聚。

养蜂人的妻子身体一直不大好，他赚的钱，很多都用于为妻子买药，他对妻子的种种好，熟悉他的人没有不竖大拇指的。前年，他的妻子病逝了，原本就有些不大爱说话的他，一下子变得更沉默了，人也苍老了许多。他有一个女儿，在南京读大学，听说学习挺好的。只有提起女儿，他的话语才会多一些，语气里也多了自豪。

在转过一个山窝窝时，一条清潾潾的小河，突然出现在面前。河水清澈见底，河中有巨大的白岩石和光滑的鹅卵石，石缝间有小鱼欢快地游着。我俯下身来，掬一捧河水送入口中，一股惬意的清凉直抵肺腑。真爽，我不由得又喝了几口。

蓦然抬头，前面不远处，一个穿红格衫的女孩，正蹲在河边的那块青石板上，蘸着河水，轻轻地揉洗着长长的秀发，绵软如絮的阳光，轻吻着白嫩的臂膊。她没有使用洗发香波,也没有用香皂,只选了从山中采来的天然皂角。那垂向河水的如瀑的黑发,与她柔曲的腰肢,以及身后那青翠的山林,构成了一幅天然的美图。

女孩直起身来,拿出一把木梳,以河水为镜,一下、一下,爱恋有加地兀自梳理着湿漉漉的秀发,像一只极为爱惜自己羽毛的孔雀。

真是一个爱美的女孩。我轻轻地赞叹道。她是美给自己看的,朋友轻声谈道。

是的,她一定是居住在幽深林间的某一个小屋,很少有人能够看到她的美,但那又何妨?她可以美给自己看啊。

继续往前走,眼前猛地冒出一大片开得正艳的芍药花,我和朋友都惊喜地喊叫起来,我们跑过去,欣喜地用手抚摸着,贪婪地嗅着花香,还拿出手机,不停地拍照,恨不得把那令人惊颤的美,全都收录下来。

可惜了,藏在这样的深山老林里,很少有人能够看到它们的美丽。朋友有些惋惜道。

它们是美丽给自己看啊!我立刻联想到了刚才在河边洗发的那个女孩,想起了朋友的话。

对,它们的美丽是给自己看的。我和朋友恋恋不舍地走开了。

终于见到了那位养蜂人,他穿一件很干净的深色衬衫,头发整齐,胡须剃得干干净净。真是一个利索人,与我想象中的蓬头垢面、胡子拉碴的形象,实在是相去甚远。

距离那一大排蜂箱两百多米远,有他搭的帐篷,还有用枯树搭建的凉棚。他从凉棚底下,搬出一罐罐封好的蜂蜜,一边介绍一边热情地让我们逐一品尝。果然都是上好的蜂蜜,他的要价也不高,比我预想的还要低一些。我有些眼花缭乱地选了好几种,多得朋友直笑我贪婪了,要背不动。养蜂人送我一个大塑料桶,告诉我回去后马上把蜂蜜倒出来,换装成小罐,还向我叮嘱保存蜂蜜要注意的许多事项。

从愉快的交流中我发现，他的居所四周都做了精心的美化，碎石块砌成的排水沟，藏在幽密处的厕所，帐篷前居然还移栽了两大排野花，有幽兰、芍药、矢车菊、扫帚梅，还有一些是我叫不出名字的，他的凉棚上缠绕的，则是一簇簇牵牛花和紫藤花。

我不禁赞叹他是一个热爱生活的人，独自在这来人稀少的地方，还把一切都安排得那样井井有条，那样让人看着舒畅。

他不好意思地笑笑，告诉我们他已经习惯了，一个养蜂人，走到哪里都是家，是家就要装扮得漂亮一些，没有人来看，就给自己看。

是美给自己看。我和朋友相视一笑，不约而同地总结道。

就算是吧，干净一些，利索一些，漂亮一些，自己看着心里也舒坦。养蜂人说着，把一个自己用桦树皮编织的精致的小花篮送给我，我道了谢，想起了朋友说过他喜欢看书，从背篓里掏出特意带来的自己写的书。看到我在书上签了名，他满脸自豪道，以后再有人来这里买蜂蜜，我就拿给他们看，告诉他们说，我有一个省城的作家朋友，也喜欢我的蜂蜜。

我笑着对他说，您的蜂蜜不用我的书打广告，看到您周围这一片美景，就能想象得到。

此行不虚，不仅买到了上好的蜂蜜，还有了惊喜的发现和由衷的感喟——无论身处何地，无论日子是否顺意，都应该像那些恣意绚烂的野芍药，像那个临河梳洗的少女，像那个把自己和帐篷里里外外都装饰得漂漂亮亮的养蜂人，即便没有人欣赏，那也要尽情地美给自己看。

○ 本文入选乌鲁木齐市中考语文试卷

## 心水清澈

一位年轻才俊，写得一手锦绣文章，大学期间便在报界声名鹊起。然而，一场失败的初恋却令他陷入深深的痛苦之中，难以自拔，甚至一度感到"活着实在太累"。有一天，他满怀惆怅地走进深山中的一座寺院，希望禅师能够为其指点迷津。

禅师告诉他："人生在世，需要经常清水拂心。"

他不解："哪里去寻找清水？又如何拂心？"

禅师微微一笑："清水源于心，清水流于心。"

他依然迷惑："那又如何做到心清？"

"你不能左右天气，但你可以改变心情；你不能改变容貌，但你可以展示笑容；你不能改变结果，但你可以品味过程。"禅师细语如风，"求人不如求自己，求己不如求心。心，应该是一池澄澈的清水。只有心水清澈了，山石花树云霞飞鸟投映其上，才会出现各色美丽的风景。那样，日日是好日，夜夜是良宵，处处是福地，事事是自然，就没有什么能够污浊、困惑我们的了。"

聪颖的他茅塞顿开，轻松地下山去。从此，心清气爽地做人做事，勤勉写作，爱情、事业均成功得令人赞叹和羡慕。

他便是台湾当代著名作家林清玄。

梁晓声曾写过的一篇题为《清名》的散文,文中讲述了一个在许多常人看来显得十分固执的老妇人,一生都守着自己一尘不染的"清名",八十三岁的她已身患绝症,仍坚持上山采茶赚钱,只为自己的生活不沾染一点点尘世的"污浊"。在许多世人眼里,老人苦了一辈子,累了一辈子,但老人却说自己这一生始终心清如水,活得干净,活得坦荡。她这样表白时,语气虽轻,却浸满自豪,自然而决然。

喧嚣和芜杂的人世间,有太多诱惑,太多纷扰,太多的患得患失,一颗颗本该清净、澄明的心,因填入了贪欲、名利、虚荣、嫉妒、仇恨等杂乱的东西,一下子失去了本来面目,变得浑浊不堪。于是,被搅浑的心水驱动着许多人舍本逐末地忙忙碌碌,甚至不惜丧失尊严、不择手段地四处攫取,弄得一个个顾此失彼、身心俱惫,不知不觉中迷失了自我,全然忘却了,生命中还有那么多美景值得慢慢地欣赏,还有那么多好事、大事值得去做。

心水清澈,无论是静谧地持守,还是潺潺地流淌,了无重负,身轻路阔,于己于人,一派天然。如是,生命朴素而厚重,人生简单而富足。

## 天使看见了她的爱

1974年,她出生在英国的一个知识分子家庭,很小的时候,她便养成了"自己喜欢的事情就去做"的果敢性格。16岁那年,学业优异的她,突然迷恋上了舞蹈,她毅然中断学业,进舞蹈团做了一名舞蹈演员。不久,因为欣赏了几次名模表演,她又对模特这一职业发生了兴趣,一番辛苦后,她居然真的走上了T型台。但不久,不甘寂寞的她,又被马戏团的种种冒险的表演吸引过去了,经过一段鲜为人知的磕磕碰碰后,她如愿地加入了一个马戏团,快乐、自如地表演起了吊环、空转等惊险节目。闲暇时,她还去大峡谷探险,去远海潜水。就这样,她天马行空地做了一件又一件自己喜欢的事情。

22岁那年,她安静地走进了伦敦大学,主修医学,希望自己能够像做医生的母亲那样,为他人解除伤病的痛苦。后来,她如愿地当上了主治医生。再后来,年轻貌美、能力出众的她,做了英国最大的医疗保健服务公司的主管,年薪十几万英镑。事业蓬勃,生活无忧,她成了令人羡慕的命运宠儿。

然而,2008年的一次阿富汗探访之旅,突然改变了她的人生走向。在喀布尔及其周边地区,跟随她前往看望的朋友,她走进了那些古风浓郁的原生态的村庄,走进了那些在干旱和贫瘠中坚挺的小树林,也走进了那些低矮的帐篷里，目睹了被人肉炸弹炸伤的妇女、被病魔折磨得瘦弱不堪的儿童，看到了那些无助的眼神，听到了那些痛苦的呻吟……原来，在那块美丽的土地上，还有那么多人需要关爱。而她，仿佛聆听到了生命深处热切的召唤，只一瞬间，她便决定留在那块需要播洒爱的土地上。

一向开朗、乐观的她，在博客上平静地写道："就像受到命运之神的驱使，我立即决定留下来，医治那些不幸的人们，为改善他们的状况付出一切。"

2009年，她跟随一支人道主义救援队，来到阿富汗北部的一个贫困山区。在那块满是疮痍的土地上，她和队友们一道遍洒爱的足迹，到处留下了她快乐忙碌的身影：帮眼疾的阿婆找回光明，帮难产的孕妇母子平安，帮患流感的儿童又能去开心地玩耍……她东奔西走地筹钱，建诊所，组织空运和分发药物，建立慈善组织"阿富汗之桥"、拍摄向世人展示阿富汗妇女痛苦的纪录片……她常常是一分钟前还在做手术，一分钟后又奔赴另一个救援现场。

穿行在战火与恐怖丛生的地域，全力地医治疾病和伤痛，她从不谈主义，也不谈宗教，她只带来医术和药品，只带来心灵的安慰。她羞于被人们称赞为"爱的天使"和"伟大的奉献者"，"我只是做自己想做的事情，帮助人很有乐趣"。这是她简单的心愿，也是她冒着生命危险留在那里的主要原因。

父母特别担忧她的安危，一次次催她赶紧回国；深爱她的男友史密斯，也与她约好了婚期。然而，还有那么多的人，还有那么多的事情，让她牵挂，让她不忍离开。她想再多做一点，再多帮一个人。她说过："很奇怪，这里的人，就像我的亲人，让我想不顾一切地保护他们。"

然而，不幸却晴天霹雳般地降临到了她的头顶。2010年8月6日，她和队友顺利完成了巴达赫尚省的一项医疗援助任务，在返回首都喀布尔的途中，他们遭遇到一伙塔利班武装分子的袭击，她被残忍地杀害了。

天使的热血，洒在了她深爱的土地上，她纯净的微笑，定格成了一座爱的丰碑。

她的中文名叫吴凯伦，一个带着纯净的爱，在人间行走的美丽女孩，生命绽放绚丽如花，生命凋谢令人扼腕痛惜。相信天使一定会看到她的爱，漫过她钟爱的山山水水和无数的心灵。

# 每一天都要开心地舞蹈

她是那两条街道的保洁员,个子不高,也不漂亮,是一个很普通的女子。我每天晨练时,都能看见她忙碌的身影,我不知她几时开始的清扫工作,也不知道她几时结束。更多的时候,我只看到她舞动一个长把的扫帚,像舞动一支如椽大笔,从街道这端舞到那端,一丝不苟,将那些散落的废弃物聚拢起来,然后再将它们一车车地清理干净。

忙碌完了,她会顺着街道走一个来回,像是欣赏自己得意的作品,她的目光再次打量一番刚刚清扫过的街道,看到不知哪位刚刚扔下的一团废纸或一个烟头,她会弯腰捡起,把那微小的缺憾轻轻地弥补。

从春到夏,从秋到冬,她是我熟悉的最早迎接晨曦的人,她似乎对那份工作很喜欢,也很珍视,我从没看到她偷懒的时候。她那份一丝不苟的认真,给我留下了深刻的印象。我曾多次在写作课堂上讲起她,讲她大口罩遮不住的笑容,讲她从不抱怨的好脾气,讲她总是热情满怀地对待那似乎单调而乏味的工作。

那个夏日的夜晚,我终于完成了一项繁重的教材编写工作,难得有闲暇和情致,决定到街上走走,看看城市的夜景。不知不觉间,一阵欢快的舞曲,将我引向那个开放的公园。柔和的月光洒在那块不大的空地上,一大群人围拢在一起正翩翩起舞。他们大多是中老年人,其中也不乏白发苍苍的老者。

我停下来，悠闲地欣赏着大家轻盈的舞姿，心中感慨着生活的舒心惬意。忽然，我的心一颤——哦，她也在跳舞，每天早早起来忙碌的保洁员，换了一件红色的短衫，像一团燃烧的火焰，正伴着欢快的旋律，摇晃着柔软的身子，尽情地舞蹈着。

一曲结束，她站定，用手臂擦了擦额头的汗珠，等一支舒缓的乐曲响起时，她竟变成了领舞者，站在众人前面，引领大家做一套优美而复杂的健美操。她做得那么认真，那么投入，一扬手，一展臂，一旋转，一弯腰，每一个动作都那么轻松、自如，仿佛是一位专业的舞蹈教练。我一时不敢相信——眼前这位美丽的舞者，难道真的是我平素所见的那个挥舞扫帚清扫街道的她吗？

我又走近一些。果然是她，一点儿没错。她也发现了我，冲着我微微一笑，打了招呼。

我好奇地问一位坐在一旁歇息的老大爷是否认识她，老大爷爽快地告诉我："她姓乐，常来这里跳舞的人，没有不认识她的，许多人都是跟她学会跳舞、学会做健美操的，这里的人都管她叫乐老师。"

"乐老师？她不是保洁员吗？"我不无困惑地问老大爷。

"没错，她是一个保洁员，听说工作还挺辛苦的，可她特别喜欢跳舞，几乎每天晚上，都来这里带领大家跳舞，真是活得有精神。"老大爷啧啧地赞赏着。

"其实，她也挺不容易的。"旁边的一位老大娘插话道。

"是不容易，每天都要起早扫大街，那活儿又脏又累的。"我感慨道。

"累一点儿倒没啥，你不知道，乐老师挣钱不多，还要照料一个二十多岁的痴呆儿子。"老大娘向我爆出一个令我吃惊的信息。

"她还要照料一个痴呆的儿子？"我无论如何也不能想到乐老师还那样不幸。

"没错,你往那边看,坐在那个石凳上傻呵呵地拍巴掌的那个小伙子,就是乐老师的儿子,听说是先天性的痴呆,她每天都带着他来跳舞。"顺着老大娘手指的方向,我看到了乐老师痴呆的儿子。

"我还听说,她去年做了一次大手术,割掉了一个很大的肿瘤,幸好是良性的。"老大爷又向我介绍道。

"哦,那么多的不幸都降临到她头上了,她的工作还那么辛苦,可是,她还能如此快乐地跳舞,真是令人敬佩。"我不禁对她肃然起敬。

"乐老师说过,有很多事情是她不能改变的,她能改变看事情的心态,既然愁眉苦脸是一天,快快乐乐也是一天,那么,何必要在不幸上撒盐呢?她要每一天都开心地舞蹈。"老大娘说出了乐老师如此达观的原因。

"每一天都要开心地舞蹈。"望着被众人簇拥着快乐起舞的乐老师,我轻轻地重复了一遍,心灵似被什么猛地击了一下。平凡的乐老师,用灵动的舞姿,舞出了令我们目炫的美丽,舞出了令我们向往的美好。

## 别样的汉堡包

五月的黄昏，在渭水岸边的一个村头，我遇见那两个孩子：大的是哥哥，七八岁的样子，小的是妹妹，大概也就三四岁。两个孩子正蹲在墙角乐此不疲地揉搓着黄色的泥团，聚精会神地制作自己喜欢的作品。汗渍和灰尘让红扑扑的小脸蛋脏得有些滑稽又可爱，黑亮的眼珠里流露出的认真吸引我驻足。

我站在一旁，默默观看他们的泥捏作品：男孩的小车，女孩的项链，有模有样的，做得还不是十分地粗糙。我不由得举起了相机，将两个无名的小艺人和他们的作品一起收入镜头。

男孩见我欣赏他的手艺，有些得意地告诉我："妹妹的项链也是我帮着做的，她揉的珠子不圆。"

"串项链的麻绳是我找的，我还帮你和泥了呢。"女孩丝毫不肯让自己的功劳被埋没。

"你俩手都挺巧的，也都挺能干的。"对两人的认真，我送上了由衷的夸奖。

"叔叔，你吃过汉堡包吗？"小男孩突然抛给我了一个问题。

"当然吃过了，你问这个干什么？"我有些好奇。

"我只听说过汉堡包很好吃，可是没见过，你告诉我汉堡包是什么样子的,我想给妹妹做一个漂亮的汉堡包。"男孩凑到我的跟前。

"你想用它做汉堡包?"我指了指他们手里揉搓松软的泥团。

男孩点头:"明天是妹妹的生日,我想送她一个汉堡包礼物。"

哦,原来是这样。刹那间,我的心被柔柔地弹了一下,我赶紧拢住纷扬的思绪,连讲带比画地向两个求教的孩子描摹汉堡包的形象。两个孩子很聪明,很快便在脑海里勾勒出汉堡包的样子,加上我在旁边的细心指点,不大一会儿,男孩便用泥巴、树叶、玉米秸制作出一个挺像那么一回事儿的汉堡包。女孩捧着它,仿佛捧着一个正芳香四溢的汉堡包,两人一起咧嘴甜甜地笑了,满脸的无遮拦的幸福,让我心里暖暖地生痛,我悄悄地背过身去拭去眼里滚动的晶莹。

"我还可以做一个能吃的汉堡包。"男孩灵感突发,飞快地跑回家中,拿来两个馒头、一些小葱和菜叶。我也赶紧从旅行袋里掏出一根火腿肠和一袋果酱,还用水果刀帮他们把"馒头汉堡包"做得更形象一些。

"汉堡包真好吃啊!"女孩大口地吃着,男孩嘴里也不停地赞赏着。

"是的,你们自己做的汉堡包,比城市里卖的那些还要好吃。"从生活在闭塞、清贫中的两个孩子身上,我恍然读懂那个美好的词语——向往。

我相信他们一定会吃上真正的汉堡包的,就像相信苦难终会远走,富足终会从追求和打拼的手中诞生。

## 眼前就有好风景

夏日的午后，微风习习。八十四岁的祖父，在院子里的那棵老榆树下，悠然地看着一群蚂蚁搬运食物。他依然耳聪目明，手脚也很灵活。看着那些忙碌的蚂蚁，他的嘴角浮起了孩童般的笑意，像是观赏了一场精彩的演出，惬意地点点头。许多人不曾留意的那些小生灵，兴奋地摆动着触角，似乎碰到了他的某一个细小的神经，他不禁嘿嘿地独自笑出了声。父亲告诉我，祖父肯定是又看见了有趣的东西。

祖父一辈子没走出过那个小山村。记得十年前，从欧洲旅游回来，我一边给他看我一路拍摄的那些旅游照片，一边向他描述外面的精彩世界。他像一个小学生似的，静静地听我介绍，不时地问我几个相关的问题。我看到了他眼睛里闪动的向往，就对他说，等我赚了钱，就领他去外面的世界去看风景。

他听了直摇头："我可不去，我身边的风景还没看完呢。"

我以为他心疼钱，便告诉他："花不了多少钱的，我给你提供路费。"

祖父依然固执道："不去，眼前就有好风景，没必要舍近求远。"

我不以为然地说："这么一个小山村，您都待了快一辈子了，哪里还有值得您欣赏的风景呢？"

祖父却无限陶醉地用手一指："看看门前的那座小山，上面有多少棵树，有多少条小路，有多少花草、鸟兽，每一处都是独特的景致，让你看都看不过来；还有这村子四周的田地，每一年都春夏秋冬地变换着不同的景象，也让你看不过来；就是坐在院子里，瞧瞧那些鸡鸭鹅狗，瞅瞅那些菜园和花圃，听听头顶的鸟鸣，哪一天都少不了有趣的风景啊。"

我哑然，很敬佩祖父的慧眼独具，他能够从身边最寻常的点点滴滴中，敏锐地发现和捕捉到那么多赏心悦目的风景。

而我们，常常是身在风景中，却浑然不觉。

认识一位农民作家，他思维敏捷，情感细腻，写一手好文章，在文坛内外都颇有影响。奇怪的是，他居然几乎从不外出采风，更不会找时间专门出去旅游。其实，他有很多的机会可以调到省城去当专业作家，去享受现代都市生活。可他至今仍居住在乡村，仍在照料着几十亩土地，像村里的其他农民一样，精心地春种、夏耕、秋收、冬藏，只在晚上和农闲时节，他才埋头于书堆和稿纸间，孜孜不倦地生产精神食粮。

问他为什么一直守着那块土地，不到外面走走，开开眼界。

他笑了："眼前就是一个精彩纷呈的世界，并且在不断变化着，足够我欣赏和咀嚼的了，用不着劳心劳力地到外面走马观花地转悠。"

我仍有些不解："可是，眼前的景象都熟悉了，怎能激发起写作的兴趣？"

他目光深邃地望着天空："就像那些每时每刻都在变幻的白云，身边的人、事、物、景，也都在不断地变化着。细细打量，就会发现简单里面藏着的深刻，就能看到寻常中隐秘的奇崛。好风景不仅要用眼睛看，还要用耳朵听，用手触摸，更要用心灵去感受。怀揣一颗热爱的心，随时随地都能看到好风景。"

我恍然大悟，原来要遇见好景致，最重要的是拥有一颗爱意充盈的心。

朋友晓红是一个最懂得随遇而安的女子。她在市里的史志编辑室上班，长年累月地与各种资料打交道，不用去看，就知道她那工作该有多么枯燥乏味了，可她每天都乐呵呵地上下班，似乎还很忙碌，有时周末也不休息。她一有空闲，一准会去逛街，独自或者呼朋引伴，挤公交或干脆步行，其实也没什么必买的东西，空手而归也是常有的事，可她一直乐此不疲，年年月月。

我不解地问她："也不买什么东西，天天逛街，不累吗？"

晓红神采飞扬地回答："一点儿也不累，逛街就是在逛风景啊，一路走去，商场里、大街上、公交车站点……随时都能遇到有意思的人和事，随处都能看见新鲜的东西，就像我在单位里整理资料时，总会不经意地就有惊喜的发现，那种感觉实在是太好了。"

"逛街就是在逛风景"，这是我第一次听到的妙论。细细想来，还真有道理。

没错，每个人的眼前都有无数美丽的风景，只有懂得用心去观察，用心去体味，才能领略和感受到其中蕴藏的美，才会由衷地感慨——这世界真奇妙，拥有一颗热爱的心，即使足不出户，也同样可以拥抱世间的许多美景。

◯ 本文入选贵阳市中考语文模拟试卷

## 那是真正的富有

那是五年前的岁末,受我所实习的报社领导安排,我跟随民政部门的同志,带着米面油肉和慰问金,分头去给散在城市各个角落的特困户"送温暖"。

一个上午,我们走访了 5 个特困户,目睹了一个比一个清贫的家境,看到了一张比一张凄苦、无望的面容,听到了一声比一声沉重的叹息,我们同情而无奈,我们知道,我们送去的东西,对于他们那巨大的贫穷,仅仅是杯水车薪。他们的明天会怎样?我不知道,他们似乎也不知道。

下午,天空飘起了很大的雪花。倒了 3 次车,又穿街走巷地步行了二十多分钟,我和民政局的小赵来到了市郊的特困户王淑兰家。她家住的是一间平房,低矮狭小,仅有 10 平方米左右。小屋内的摆设简单至极,最惹眼的是窗台上那盆开得正盛的菊花,紫色的花瓣透着缕缕暖意。室内最贵重的东西,恐怕要算床头旧木箱上那个 12 英寸的黑白电视了,但那上面蒙的绣了梅花的布帘干干净净,仿佛刚刚洗过一样;已露出本色的地板上,整齐地摆放着几双自家缝做的棉布拖鞋,虽然用料不过是些细碎的布头,鞋面上却巧妙地拼了好看的图案,精致得像一件件工艺品,让人喜爱。

屋内温度不高,卧病在床的王淑兰,盖着一件撒满了素洁的百合花的小被。见到我们带着东西进来,她挣扎着坐起来,不好意思地说:"我都跟街道主任说了,今年我们不用政府救济了,过了这个春节,我们的日子就会好起来的。"

"你们是最应该得到政府关心的。"望着干净、利落的小屋里的一切,一股特别的好感涌过心头。我知道,王淑兰的丈夫两年前因患癌症留下数万元外债,扔下她和5岁时大腿肌肉便开始萎缩的女儿,撒手而去了。今年春天,王淑兰又在清扫大街时被一辆货车撞伤了腰,肇事的司机至今没有找到,她辛辛苦苦赚的一点点钱,还不够支付药费呢。

说话间,女儿晓雪抱着一大卷彩纸回来了,她脸蛋冻得红扑扑的,一进屋,便掩不住喜悦地告诉我们——她的剪纸作品,卖了50元钱,摆摊的邻居让她再多剪一些,说是春节前能多卖一些。

"妈妈,等再卖了钱,我给您买一件过年穿的新衣服。"晓雪拉着妈妈的手,黑亮的眼睛里闪烁着幸福的憧憬。

"好孩子,等妈妈的身体好起来,多挣钱,给你买好多的书。"母亲抚摩懂事的女儿,她知道女儿最喜欢读书了。

听说我是记者,晓雪赶紧拿出两个纸张颜色不同、装订得很整齐的本子,那上面是她在闲暇中写下的文章,她一一指给我看,让我帮助修改。

"看不出,你还很有文学潜能呢,好好地写,没准儿你能成一个作家呢。"读着那一篇篇简单而真诚的文字,我仿佛看到了一颗晶莹剔透的心。

"真的?我相信我女儿一定会有出息的。"听了我由衷的鼓励,母亲的语气里充满了自信和骄傲。

"妈妈,我会努力的,我们的日子会一天天地好起来的。"晓雪忽然想起兜里装的几颗红枣,硬是给我和小赵手里各塞了一颗。

回去的路上,我和小赵不约而同地感慨——这是一个真正富有的家庭,面对生活里的种种磨难,她们没有一丝的埋怨,只有对未来美好的希望,只有对生活的热爱,她们永远不属于贫穷的行列……

后来,我陆陆续续地在报刊上读到了晓雪的文章,得知她母亲与别人合伙开了一个小吃部,生意很红火,家里的外债都还清了。还听说晓雪要出书了,她们家准备搬进新居了……接连的好消息,其实都在我的意料中。

真的,应该感谢晓雪母女,从她们身上,我知道了——生活中,最大的清贫,莫过于希望的清贫,而最大的富有,莫过于对生活执着的爱。诚如一位诗人说的那样——有希望生长的生活,注定是葱郁的。

## 幸福,是现在进行时

英语课上,新来的外教珍妮老师请同学们讲述自己认为最幸福的时刻。有的讲起了童年幸福的往事,有的讲起了初恋时的幸福情景,有的描述了梦中想象的幸福景象,还有的设计了幸福的模式……仔细地倾听着同学们认真的讲述,珍妮老师始终微笑着,不置一词评价。待同学们进行表述之后,珍妮在黑板上用英文写下这样一句话——幸福,是现在进行时。

幸福,难道不可以是过去时和将来时吗?同学们立刻提出了质疑。

"当然可以,但没有现在进行时,便没有真正的过去时和将来时。"珍妮坚定的话语中,透着耐人寻味的思辨色彩。

"可是,人们为什么喜欢憧憬幸福的明天,喜欢回味幸福的往昔呢?"一个男同学仍大惑不解地追问。

珍妮没有直接回答这个问题,而是讲了自己的故事——

曾经,她梦想自己能够拥有那样的生活:有很多的钱,很多的时间和精力,自由地周游世界各地,结交一大帮可以倾心交流的好朋友,拥有一个理想的爱人,和他携手相爱一直到老。

可是,她的家境一直很不好,她甚至差一点儿读不完大学。毕业后,她只能拼命地打工赚钱养家糊口,根本没有时间去那些交友的场合,更不要说是外出旅游了。自然，在她忙碌的那个小圈子里，是很难遇到梦中的知心爱人的。

于是，她不无忧郁地感慨："我的幸福，在远方，在遥遥无期的远方。"

"你的幸福，明明就在你的手边嘛，就在此时此刻啊。"在秋日的一个午后，一位保险推销员不容置疑地告诉她。

"可是，此时此刻，我感觉到的并不是幸福啊。"珍妮有些茫然不解。

"那是因为你还不懂得把眼前的每一分钟、每一个行动，都看作是通向幸福必经之路，还没有学会品味追求过程中的点点滴滴的幸福。"接着，保险推销员引导珍妮将目光投向周围的人们。于是，珍妮在建筑工的笑声中，在孩子清脆的读书声里，在晒太阳的乞丐脸上，在那些步履匆匆的职员身上，在那互相搀扶着走向夕阳的身影上，都读到了保险推销员所说的真实无比的"幸福"。

她恍然明白了：幸福，就在每个人的手上，阳光一样真实地流淌着。就在自己认为琐屑的那些小事中，正藏着许多的幸福，只是她眼睛总是过于关注前面了，对散落在生活中的那些细小的幸福，有些视而不见了。

再后来，珍妮开始快乐地读书、工作、赚钱，幸福地雕琢着每一寸光阴。终于，她如愿地来到了中国的课堂上，拥有了许许多多的学生和朋友。她曾经的梦想正在手上一点点地化为现实，最重要的是她感觉到了幸福正与自己形影不离……

珍妮仅仅教了同学们有数的几节课，没过几年，其讲课的内容很快都被同学们忘记了，但她的故事和那句"幸福，是现在进行时"，却深深地留在了许多同学的心中。

诺贝尔奖获得者马尔克斯曾经说过："真正的幸福，永远是触手可及的，因为幸福更喜欢现在进行时。"

这些年来，每当我要懈怠地随手抛掷时间，每当我要抱怨生活中的某些不如意时,我的眼前常常会浮现出珍妮那微笑的面庞,想起她那简单的人生赠言——幸福,是现在进行时,需要热忱而智慧地把握。

没错,过去的幸福,已经是定格的风景,只能留给回忆了;而未来的幸福,还在遥遥的路上。唯有眼前的一切,才是最真实的,才是最值得加倍挖掘的。聪明的人,懂得从今天的一点一滴中发现、创造和享受幸福,懂得把梦想的幸福,经由"努力珍视的现在",变成未来美好的回忆,懂得品味持久而真实的幸福……

## 久久飘逸的馨香

初秋的一个早上,楼前临街的那块空地上,突然出现了一个馄饨摊。摊主人是一对来自乡下的中年夫妇,男人憨憨的,不善言语,女人手脚麻利,嗓门洪亮,六七岁的小儿虎头虎脑,在身边跑来绕去,一家三口围着一个简易的移动餐车,在城市的楼群间经营着一份简单而温馨的生活。

第一次光临馄饨摊,我便被女主人娴熟的手艺吸引住了,只见她一手拿馄饨皮,一手执馅勺,那么灵巧地一抹、一绕、一裹、一捏,一个漂亮的馄饨便包好了,转瞬间,案板上便整整齐齐地摆了一溜煞是好看的馄饨。无须品尝,单是看着那一个个活泼可爱的馄饨,便已口舌生津了。

买一碗煮得浑圆的馄饨,轻轻地搅一下,绿得耀眼的香菜和碗底藏着的虾米,不用放香油,那汤的香味就溢了出来。趁热咬一口皮薄馅大的馄饨,啧啧,真是香而不腻,味道好极了。经顾客们口耳相传,他们的馄饨摊名气一天天大起来,生意很是红火,夫妻两人忙不停歇,小儿也不时地帮着拿个碗、递个勺。

一向吃饭挑剔、不爱吃早餐的女儿,随我吃了一次馄饨,竟喜欢得不得了。每天早上都让我给她买馄饨。去的次数多了,便与那一家人熟悉起来，知道他们来自很远的乡下，家里的几亩薄地实在难以维持生计了，便出来打工。他们每天凌晨两点便起来，准备好馅料和馄饨皮，早上五点多，便把摊子支起来，直到八点多早市散了，才收拾东西回到租住的小屋。他们也经常赶夜市，只是夜市的生意不大好。

那个周末，领着女儿去馄饨摊，女主人看着女儿手里的一本画报，轻轻地叹了口气。我奇怪始终笑脸盈盈的她，怎么生意好了还有犯愁的事情。她说儿子也该上学了，可不想回乡下的小学去读，问了几所城里的小学，入学的手续挺复杂的，要开许多的证明，他们正为儿子的上学问题犯难。看到正与女儿玩得其乐融融的小家伙，我热情地说我来帮他们。女主人立刻欢喜地连连道谢，说真是遇到贵人了，坚决不肯收我的馄饨钱。

我因为熟悉办事流程又认识相关办事的人员，几经波折，终于在开学前把各种上学的手续办好了。女主人执意地要给我塞钱，说帮了这么大的忙，他们应该花些钱的。男主人也说应该多拿些钱给我，说他们花钱也不知道该怎么办。我自然不能收他们的钱，笑着打趣道："是因为你们美味的馄饨，我才心甘情愿地帮助你们的。"女主人豪爽地说："那以后，你就带孩子天天来吃馄饨吧，全部免费。"

我笑了："那可不行，你这小本生意，是一家子的生活来源呢。"

夫妇二人几乎异口同声地："没关系，你的大恩，我们不知该怎么感谢呢。"

再去馄饨摊，他们执意不肯收我的钱，任我怎样据理力争，他们说什么也不接我递过去的钱，他们说若是收了我的钱心里会不安的。没有办法，再去买馄饨时，我便把女儿的课外书、学习用品拿了一些，送给了他们的小儿，还把两件只穿过一次的衣服，以旧了要淘汰的名义送给了他们。不久，他们竟从乡下给我背来一大桶蜂蜜、一大包木耳还有一大口袋五谷杂粮。男主人把东西扛上楼来，腼腆道："都是家里的老娘让我拿的,说我们碰上了好心人,要当亲戚处。"

"是亲戚了,以后就不要这样客气了。"我的心里暖暖的。

后来,我又帮他们联系到一个离市场更近、更便宜的出租屋,还在领着女儿去公园、科技馆时,把他们的小儿也带上。两个孩子玩得开心,交流得愉快,彼此取长补短。女主人经常骄傲地告诉人们:"真是幸运,我们这样没什么能耐的乡下人,也能在城市里攀上这么好的亲戚。"

可是,我要说,正是他们对生活的那份热忱,他们的质朴和勤劳,不知不觉地感染了我,让我更加热爱烟火味十足的朴素生活。我给了他们一点点,他们却回馈给了我许多。

又一个冬天来了,因工作调动,我要搬家了,从城市的南边搬到北边。离开朝夕相处的他们一家,我心里酸酸的,是难舍的依恋。他们心里也不好受,连着两天没出摊,帮助我搬家、收拾新居。

那天早上,我刚走到阳台前,熟悉的叫卖声便传上楼来。哦,真的是他们。他们怎么把馄饨摊移到了这里?要知道,那边有很多回头客,生意好着呢。

女主人握着我的手:"我跟孩子他爹说了,你搬到哪里,我们就把馄饨摊摆在哪里,让你喜欢的香味追着你。"

香味缭绕的热气中,我的眼角一阵灼热,我知道有一份特别的馨香,会永远地飘在我的生命中。

## 熟悉的地方也有风景

那两位著名的作家,是一对年过半百的伉俪。他们久居大兴安岭深处的一个林区小镇,这次到京城领了一个重要的文学大奖,便谢绝了组委会安排的一系列游览活动,匆匆地乘车往回赶。问及原因,回答竟是——他们居住的小院里的两棵杏树,这几天又要开花了。

那么多没有游览过的名胜古迹,不去欣赏,偏偏急着赶回去看自己熟悉的平淡无奇的两棵杏树开花。面对不解的问询,他们淡然笑道:身边有最美的风景,没必要花费更多的时间和精力去舍近求远。

那真是一对固执而可爱的夫妻。笔者揣着很大的好奇,走近了他们的生活,走近了他们笔下描绘的神奇、俊美的自然与人文风景。确实,他们身边有着独特、美丽的风景,值得欣赏。然而,再好的景致,若是太熟悉了,相信谁都难免会心生倦怠的,正如常言所道"熟悉的地方没有风景"。可是,那两位妙笔生花的作家,为何总是那般地迷恋眼前的风景呢?

对于我的困惑,两位作家微笑着这样解答:"始终保持一份热爱,就会细细地去观察、体验和品味,就会在熟悉的地方,有许许多多新奇的发现。不要以为'年年岁岁花相似',其实是岁岁年年花不同,今年的每一株树、每一朵花、每一条小溪,都和昨天有着很大的不同,而要发现藏在那些细微的不同之中的美，需要一双慧眼，更需要一颗爱心。"

哦，原来是这样：很多时候，人们先是倦怠了心灵，进而对身边的事物、景观、工作等，失去了欣赏的兴趣，失去了认真品味的热情。于是，便有了"生活在别处"的念头，便喜欢到远方去寻找迷人的风景，却常常忘了在自己的身边，也有着不断更新的风景。

一位著名的时尚服饰设计师，在谈到自己的设计理念和灵感获取时，这样感慨："最时尚的，就散落在最平常的中间，我所做的就是悉心地把它们挖掘出来。"没错，有时你的手头握着的，或许正是一块价值连城的宝石。千万不要熟视无睹，更不要随意地抛弃了。

每个人的生命都是一次短暂的旅行，每个人都有属于自己的路径和驿站。不断地寻找绚丽的风景固然没错，但当自己身处熟悉的某些环境中时，一定别忘了学会持久地欣赏感动你、吸引你的风景，更要学会在看似已没有风景的熟悉的地方，慧心地找到藏在平淡、平凡、平常中的那些新鲜、奇异的美景，深深地喜爱之，陶醉于一份恒久弥新的享受。

如是，请不要抱怨自己眼下的生活，不要总是急功近利地追逐所谓新潮的东西，不要让远处的喧闹与繁华，纷扰了本该宁静的心。抬起头来，好好地充实自己，先富足了精神和灵魂，随后，就会真切而惊喜地发现——哦，熟悉的地方也有迷人的风景。

## 第二辑
### 赠你一片明媚,让生命绚美如花

相信世间所有的遇见,都是上苍的眷顾。无论是素锦华年还是垂暮之时,无论是身处顺境还是身陷逆境,赠你一片明媚,许我一缕馨香,即便纯真年代已远,我们仍能够真切地感到——因为有爱,生命的枝头始终芬芳飘逸。

## 你的美,不只是上帝看得到

2009年11月最后一个周末,在美国宾夕法尼亚州的莫克小镇,一场隆重的葬礼正在举行。从四面八方自发而来的人们排成了长长的送葬队伍,默默地为因心肌梗死而死的杰夫森送行。也许有人会惊讶,杰夫森不过是一个有着三十多年乞讨史的职业乞丐,他平生似乎并没有任何英雄壮举,可是,为什么那么多人都异口同声地说他是一个好人,说他的美上帝都看得到呢?

原来,这个失去了一只臂膀、靠乞讨为生的杰夫森,在他三十多年的乞丐生涯中,还做了许许多多令人感念的事情,下面就是从中选取的一小部分:

他曾向消防部门报告了三处火险隐患,及时避免了可能发生的重大火灾。

他曾为一位截肢的青年无偿献血,保证了那场手术的顺利进行。

他曾向遭受飓风的佛罗里达州的灾民捐献了2000美元,而那是他全部积蓄的三分之二。

他曾协助警方捣毁了一个贩毒窝点,并多次向警方提供重要的破案线索,被当地警察尊称为最值得信赖的"眼线"。

他曾花费一年多的时间多方奔走,终于帮助两个走失的儿童找到了亲人。

他每年春天都会蹲守在那条繁忙的公路边,悉心地照料那些需要穿越公路去繁殖的青蛙,尽力地帮助它们免遭往来车辆的伤害。他还先后收留过 7 只流浪猫和 3 只流浪狗,救助过受伤的猫头鹰和苍鹭。

他山间的简易小屋里,几乎所有的用具都是他从垃圾箱中捡来的。他平时生火做饭,都是从山上捡枯枝和树叶做烧材,从没有砍伐过山上的一棵树。他从不乱扔垃圾,没有用的废物,他会背着走上五里多的山路,送到镇上的垃圾回收站。

他是一个爱美的人,居住的小屋收拾得干干净净,屋前还种了好多的花,屋后栽了果树。他每次出门乞讨前,都要换上干净的衣裳,都要上上下下整饬一番,仿佛是去见尊贵的客人。

他不管是否有收获,收获有多少,常常是微笑着,知足地过着每一天,从没有听到他叹息过,更没有听到他抱怨过什么。

葬礼上,牧师阅读了杰夫森放在衣兜里的遗言:"我很感激自己能够生活在这样美好的世界里,我一生都在接受人们善意的关注和帮助,都在感受着爱的温暖,我也十分愿意为这个世界留下一些关切和温暖,只是我做得太少了,少得可能连上帝都看不到,但我还是衷心祝愿这个世界越来越美好……"

"杰夫森,你的美,不仅上帝看得到,世间无数眼睛都看得清清楚楚,不只是今天来为你送行的人们,还有许许多多多的人,相信他们都会敬重你的美德,都会为你美丽的人生心存敬意。"牧师深情的话语,道出了世人共同的心声。

没错,杰夫森的美,不只是上帝看得到,爱的眼睛都看得到。

## 纯净的爱

那天的"开心辞典"节目中,先后上场的三位选手因实力、定力或运气等,都只答对了一两道题,便遗憾地退场了。

第四个登台的是一位在读的女大学生,来自江南水乡的她,脸上挂着一抹羞涩,执意不肯说出自己的梦想,理由是:"如果过不了关,说出来就没有意义了。"

三道题轻松答对,女孩顺利过了第一关,主持人王小丫问她这会儿可不可以说出自己的梦想,女孩莞尔地摇头。而接下来的答题,她将自己的聪颖、机智与沉着发挥得淋漓尽致,即使观众看得一头雾水的那些偏题、怪题,女孩也能轻松地对答如流。观众的掌声一次次响起,王小丫也频频颔首赞赏,可她始终执拗地不肯宣告自己的梦想。

最后是一道极其复杂的数字推理题,难度陡然加大,还有很短的时间限制。女孩低头望着地面思索了片刻,然后自信地给出了一个答案。

这时,王小丫对她笑着:"我先不告诉你正确答案,希望你现在就告诉我们你的梦想。要不,万一你答错了,你的梦想就成了永远的秘密。"女孩阳光一样甜甜地笑了,明净的眸子里透着可爱的坚定:"我的答案是正确的。"

果然，女孩赢了。王小丫伸手向她祝贺。女孩青春的脸上洋溢着喜悦，她轻轻地说："我要给西藏的一位朋友打个电话，我的梦想是送给他的。"

他是怎样一位特殊的朋友呢？一向机敏的王小丫按下了免提键，全场侧耳倾听。

当粗犷的男音传来时，女孩满怀的激动再也抑制不住了："我在'开心辞典'答题，全都答对了。"那边传来欢喜的祝贺与夸奖。女孩继续说："你不是希望拥有一台笔记本电脑吗？我今天帮你把梦想实现了。"电话那端的他显然始料未及，惊喜得有些语无伦次了："谢谢你记得我的梦想，我代表这里的孩子们谢谢你，暑假再来这里看草海，再来看蓝天吧。"

"我还要把你的故事告诉更多的人，与你的梦想一起飞翔，我是幸福的，我相信这样的幸福也会感染许多人的。"女孩温柔得如同站在痴情的恋人面前。

原来，他是女孩在一次去西藏采风时邂逅的牧区小学教师，师大毕业后偕女友自愿来到条件艰苦的地方工作。在那里，目睹那对年轻人虽清贫却不乏快乐与充实的生活，女孩恍然明白了——其实，生命中有一种爱，完全可以像藏区的蓝天一样辽阔、澄净，完全可以像牧场的野花一样自然。此后，女孩便把他那天不经意说的一句话，牢牢地记在了心中，直到今天以这样特殊的方式，做了纯洁如雪的表白。

由衷的掌声如潮地涌来，现场观众全被女孩演绎的这些美好的情节感动了，王小丫的眼里也闪动着晶莹。是啊，可以想象，这个慧心的女孩该是带着怎样真挚、纯粹、深厚的爱意，经过层层预选，一路过关斩将，才走上赛场，并最终赢得心中最大的幸福的。

就在那个繁星闪烁的夏日夜晚，美丽、智慧、善良、单纯的女孩，面对全国的观众，将滚滚红尘中的一份真爱真情，诠释得如此自然和扣人心弦。望着荧屏上女孩开心的笑容,我相信很多观众的心田一定会涌入缕缕温馨的清风,那是花蕊般无法拒绝的纯净的爱。

本文入选河南省高考语文模拟试卷

## 把我的明媚送给你

站在地铁站进出口通道里,他斜挎一把廉价的吉他,像立于舞台中央的歌手,声情并茂地自弹自唱,经典的,现代的,民族的,流行的,一曲接一曲,那些飘动的音符和跳荡的歌词,不断地向过往的行人传送。偶尔有人驻足,有人喊一声"好"或送上响亮的掌声,他唱得更加卖力。他身前那个纸箱里,散落着行人随手放进去的少许零钱。

他没上过任何艺术学校,也没有拜过任何老师,更没有专门学习过发声技巧。他是一个初中便因贫困辍学的农民,只因喜欢唱歌,他背着简单的行囊,从大西北的一个山沟里,独自来到北京。像他这样"唱通道"的很多,但他很特别,瘦弱的他底气十足地一亮嗓子,整个人儿也立刻神采焕发,眼睛里满是激情,那忘我的陶醉,让人觉得他也是这个世界上的富豪。

其实,他每天的收入非常有限,刨去租住地下室和最低的生活费,他每个月只能寄给家里几百块钱。而他,似乎十分知足,一直坚持了五年,无论是汗流浃背的夏日,还是寒风刺骨的冬季,他的歌声始终飘荡在通道里。

问他为何唱歌时那么有精神?他回答:因为一进入音乐世界,眼睛和心里就多了明媚,就忘却了日子的窘迫和艰涩,只感觉生活中还有那么多的美好,像阳光一样随手就能摸到。

于是,许多人便看到了他明媚的笑容,听到了他明媚的歌声。

那是一个卖手工艺品的女孩,因患有先天小儿麻痹症,她脚跛得很厉害,走路都十分费劲,她的小店也没有什么奇异之处,但还是有许多人绕了远路来她的小店,只因喜欢看她整天挂着笑意的面容,喜欢听她温温婉婉的话语。和她在一起,似乎那些忧愁、烦躁、焦虑都突然消失了影踪,只有清新和舒畅,连空气里都充溢了快乐的因子。

独处的时候,她会手捧一本喜爱的书,静静地阅读,那些美妙的句子,仿佛是神奇的魔法师,带她走进了一个又一个精彩的世界,让她兴奋地流连其间。彼时,她的身前背后,簇拥的都是炫目的美丽。

后来,她不可遏止地拿起笔来,开始书写起心中翻涌的那些奇思妙想。很快,她的那些纯净的文字走进了更多的心灵,人们从她的文章里读到了许多令人心暖的故事,读出了梦想、热爱、奋斗、坚韧,一如她阳光般的笑靥,令熟悉的和陌生的人,都发现了生活的色彩,原来如此缤纷,如此令人迷恋。

她说过,连死亡都无法阻拦那些花朵明媚地绽开,那小小的疾病又怎能挡住渴望美好的心灵。她从不以愁容示人,从不让悲苦感染他人,因为生命的每一天,都是上帝的恩赐,都是不应该辜负的。

一位作家朋友讲过一个故事:他和她刚刚新婚不久,突如其来的一场车祸,让他在重症监护室里整整躺了一个月。医生断言他即使能够活过来,恐怕也会成为一个植物人。年轻的妻子听了,眼泪滚落如断线的珠子。然而,擦掉泪痕后,她每天都穿了漂亮的衣服,都精心地化了妆,守护在病榻前,一声声地轻唤着他,絮絮地说着他们爱情路上的种种美。

他终于睁开了眼睛,却失去了记忆,连面前娇媚的她也认不出来了。

可她还是笑了,仍不时地换了漂亮的衣服,描了眉眼,涂了粉霜。虽然衣服都是仿名牌的,很便宜的,但都很美丽合身,为她添了不少魅力。她用的那些化妆品,也都是廉价的,可还是为容颜增了几分美丽。最重要的是,她脸上始终洋溢的让忧伤退却的微笑,任是谁见了,都要心生敬佩。

有人问她:他已经那样了,她为何要如此用心地化妆,打扮得如此漂亮?她一语坚定地答道——我把我的明媚送给他,等他和我一起明媚我们的生活。

滚滚红尘中,有很多像她那样的平凡人物,他们面对大堆的不如意,没有抱怨,没有消沉,而是以明媚的笑容,迎接种种不幸,在艰难中唱一首欢乐的歌,在寂寞里写一篇幸福的美文,在悲苦时还不忘给世界添一份美丽……他们深知:即使命运只给了自己两块石头,也要用它擦出耀眼的火花,点亮美丽的人生。

# 幸福像花儿一样

在英国利物浦市郊的一个人口不多的小镇上，人到中年的詹妮开了一家不大的花店，虽然生意不十分兴隆，可詹妮仍每天笑容可掬地照料着小店。没有顾客的时候，她就捧起厚厚的画册，悉心地钻研插花艺术。她弄来了一个个精致的花瓶，将那一束束带着泥土馨香的鲜花，很艺术地组合到一起，并为它们一一起了诸如"一往情深""梦想缤纷""雕刻时光"等好听的名字。有时，出神地看着自己的一件件杰作，她竟会忍俊不禁。

除了兴致勃勃地经营自己的花店，詹妮还喜欢购买彩票，她每周去附近的投注站买一次，每次只买两张彩票，而且是随机选号，从不花费时间和精力去琢磨如何提高中奖率的问题。十多年里，她连一次小奖也没有中过，但这并未妨碍她一直饶有兴致地购买彩票，似乎她在做着一件很幸福的事情，能否中奖并不是她所关心的。

2009年12月7日，像往常一样，詹妮坐在花店里，认真地剪裁刚刚运来的鲜花。在整理那些废弃物时，不经意地一瞥，她看到了包裹鲜花的一张两天前的报纸上刊有彩票中奖信息。她拿出随手夹在那本插花艺术书里的彩票，幸运之神这一次竟然眷顾了她，她中了一千万英镑的特等奖。那一瞬间，她有些不敢相信自己的眼睛了，她忙打电话向远在几百英里外一个农场里种蔬菜的丈夫欧文报喜。欧文激动地向她祝福，然后问她计划怎么支配那笔丰厚的意外收获。

这真是一个重要的问题，的确应该好好想想。这么多年来，她第一次在周一关闭了花店，整整一个下午，她都在思考着该怎么去支配这笔飞来的巨奖。她想到了去国外旅游，想到了购买一栋别墅，想到了给丈夫换一台新车，也想到了去伦敦投资一个更大的花店……那么多纷涌的想法，搅得她一时心海难平，兴奋中裹挟着焦躁与迷乱，脑袋也有些发涨得疼痛起来。

又经过一夜的思索，詹妮终于想出了一个最简单的支配方案——将大奖所得全部捐献给一个医疗基金会。主意初定，她又给丈夫打了电话，欧文说只要她高兴，他就全力支持。于是，捐了大奖的她继续愉快地经营起自己小小的花店，她还像以前那样买彩票，她的丈夫依然津津有味地帮着农场主种菜，一双儿女依然快乐地骑着单车上学……她的生活丝毫没有因为中大奖而有所改变。

后来，一家报社的记者得知了詹妮的事情，敬佩而不解地问她为何做出那样选择，她一脸轻松地回答："因为幸福。"

"幸福？只是因为捐赠而幸福？"记者面带困惑。

"捐赠的确是一件幸福的事情，最重要的是，我原来一直生活得就很幸福，我有一个好丈夫，有两个好孩子，还有自己喜欢做的事情，我没有因为中奖而改变我已经拥有的幸福生活，这就是我丝毫不后悔那样做的原因。"詹妮笑容满面，手里依然摆弄着鲜花。

"其实，那样的一笔巨奖完全可以让你们的生活变得更富足、更幸福的，比方你可以拥有一个更大、更漂亮的花店。"记者还是有些不解。

"你说的有道理，可是，我现在已经在享受幸福的生活了，分一些幸福给别人，不是更好吗？就像我守着这些鲜花，我已经看到了它们的美丽，闻到了它们的芳香，让更多的人欣赏到它们的美丽和芳香，是我最愿意做的事情，也是最让我幸福的事情。"詹妮纯净的眸子里，闪着晶莹的亮光。

哦，原来如此！

很多的时候，幸福缘于一种发自内心的喜欢，跟金钱的多少没有必然的联系。面对眼前那如花的笑靥，记者不禁感慨万千。

不久，记者饱含真情的一篇《幸福如花》的小文，让许许多多的人知道了詹妮的花店，知道了她的幸福观和她幸福的故事。甚至一些远道而来的游客，也会特意来到小镇，走进她的花店，不为买花，只为见见这位幸福如花的女子，欣赏一下她的插花艺术，感受一下那简单生活中洋溢的朴实而恒久的幸福。

## 甜润一生的柿子

天渐渐地黑下来了。揣着满怀的忐忑,他紧张地跟在同桌的身后,慢吞吞地朝师大那个试验园走去。高三的同桌一脸轻松地告诉他:"跟着我走,保证没有事儿的,上次大白天我都抱回来一个大西瓜呢。"

同桌是那天去师大看表姐时,偶然发现校园一角生物系做试验的小菜园的,那里面种着许多市场上根本都买不到的蔬菜瓜果。禁不住那些鲜艳欲滴的果实的吸引,同桌悄悄地扒开木栅钻了进去,带回了一兜的兴奋。

走近小菜园,同桌去四周细细地侦察了一番,向他发了一个"平安无事"的信号,他便跟着同桌飞快地钻了进去。他刚刚手忙脚乱地摘了几个柿子,就听到不远处有脚步声匆匆朝这边传来。

不好,他们被发现了,同桌经验老到地钻出木栅栏缺口,迅速逃之夭夭。他却双腿一软,瘫坐在那里,怀里的柿子滚落到地上。

"完了,若是被告到学校去,肯定得挨严厉的处分甚至可能被开除,大学的梦想也许就此断了,下岗后脾气变得更加暴躁的父亲会狠狠地揍自己一顿,当保洁工的母亲会更伤心地抬不起头来。"他万分沮丧地双手捶头,懊悔不该受了同桌的一再怂恿,让自己陷入这样无法挽回的窘境。

那位老教授走过来,拣起那几个刺目的柿子,伸手将他拉起来。他就那么乖乖地跟在老教授身后,走到对面楼的一间办公室里。

"吓着你了吧,孩子?"老教授轻轻拍拍他的肩膀。

"我……我……我……"他喏喏地不知该说什么。

"谢谢你啊,帮我摘了这些柿子,我这两天正想品尝品尝它们的味道呢。"老教授微笑着。

"我……我是第一次……"他紧张得手足无措。

"看出来了,连这个没有熟透的都摘下来了,有点儿可惜了。"老教授把洗净的柿子放到一个盘子里,放到他面前。

他羞红着脸:"太紧张了,只顾着挑大的摘了。"

"哦,这一方面你可就不如我了。当年在农村当知青时,我们好几个人一起去偷生产队种的香瓜,伸手不见五指的晚上,我摸回来的个个都是熟透的香瓜,那叫人羡慕的技术啊……"老教授呵呵地笑着,仿佛在讲着别人的故事。

他被逗笑了:"就因为这个,您不打算惩罚我了?"

"惩罚?你想让我怎么惩罚你啊?找你的学校、找你的家长,弄得满城风雨?"老教授严肃地盯着他的眼睛。

"您辛辛苦苦做的试验,我不该……"他知道遇到了好人,内心更愧疚了。

"知道就好了,你现在帮我一个忙,尝尝这个柿子味道怎么样?"老教授挑选了一个最红润的递给他。

他轻轻地咬了一口:"真好吃!比市场上卖的甜多了,皮薄,肉也厚。"

"这可是我花了五年多的时间,才培育出来的新品种,还没有命名呢,你是第一个品尝者,得帮着我取一个好听的名字啊。"老教授慈爱地望着他。

后来,他考上了研究生,做了老教授得意的弟子,培育出很多的蔬菜新品种,成为国内外著名的年轻科学家。

他常常向人们讲起那个夏夜发生的故事,他说老教授递给他的那个柿子有着一种特别的甜味,会甜润他的一生。

## 不加锁的幸福

那天,我去一个偏远的林区小镇看大学同窗晓薇。

车子在崎岖的山路上颠簸了四五个小时,才把我带到晓薇在信中描述得无限美丽的那个小镇。到了她的学校,她正在上课,而且是连续的4节课。晓薇就让我先到她家去休息一下。

我正疲惫,听明白了她指示的去她家的路,便向她要钥匙。

她莞尔道:"去吧,我家没锁门。"

"没锁门?那你家里有人?"我惊讶道。

"没人啊,你放心地去吧。"上课铃声响了,晓薇赶紧走了。

晓薇怎么搞的?家里没人也不锁门,不怕……我疑惑不解地朝她家走去,沿路上又问了两个热心人,在他们的指点下,我顺利地找到了晓薇的家。

轻轻一推,外边那扇黑色的大铁门"吱呀"一声开了,往里走,内屋的门也没上锁。

无须上锁,难道这儿已达到了"路不拾遗"的文明程度?我心里嘀咕着,打量起晓薇整洁、简朴的小屋,屋里除了两个惹人注目的大书柜,两张硬木书桌外,唯一的电器就是一台14寸的老式电视了。

晓薇上班不锁门,难道仅仅是因为她的清贫?虽说她是我们那届同学中分配到最基层的一个,日子怎么也不该是最苦的啊……

晓薇回来时,笑着问我:"光临寒舍有何感受?"

"是有点儿'寒舍'的味道。晓薇,你丈夫在县委宣传部上班,你文笔那么好,调到县城上班该是没多大问题吧?再说了,总这样两地分居也不是办法啊。"我关切地问道。

"我和爱人倒是都觉得这样挺好的。"晓薇一脸的幸福。

正说着话,左邻右舍听说晓薇来了同学,纷纷送来吃的——鲇鱼、香肠、咸鸭蛋……还有一捆生菜、一碗鸡蛋酱。笑迎那一张张亲切的脸、那一句句暖暖的话,我感受着这里的人们对晓薇的尊敬和关心,感受着人与人之间那浓郁的感情。我不无羡慕道:"晓薇,你人缘真好,遇到这么好的邻居。"

"这回你该明白我为何不上锁了吧?"晓薇麻利地做着饭菜。

"家里没人,还是锁上门好。"我想起自己在省城的家,那厚厚的防盗门,左一道保险、右一道机关地锁得紧紧的,还经常担忧呢。

"不能锁的,家里常来人。"晓薇轻松地回答道。

"常来人?你不在家时,家里还来人?"我更惊讶了。

"对呀,你看,我家有一口宝井呢。"晓薇指着厨房里的一口压水井自豪道。

"怎么,你们这里还没吃上自来水?"我真有些恍如隔世的感觉了。

"快了,明年这个时候就能接上了,我家这口井打得深,水好喝,现在邻居们都愿意来我这里打水。你说,我能锁门吗?"

"你可以规定一个打水的时间嘛,要不你的家不成了随来随往的供水站了?"

"对啊,我就是要建一个全天候的供水站啊!"晓薇爽快地说。

"你放心地让邻居来打水,难道不怕有坏人趁机闯进来拿东西?"我不放心道。

"不用怕,我这屋里随时都有熟人来往,前屋后院的老人都会帮着我照看着呢,再说了,即使有小偷进来,你看看,我这儿有啥值得拿的……"晓薇流露出很开心的神态。

很快,巧手的晓薇便用邻居送来的东西,做出一大桌子色香味俱全的菜肴。一边吃着可口的饭菜,一边细细地品味着晓薇对我讲述的一件件浸润着浓浓邻里情的小事,我竟生出了无限的羡慕。

整日劳心劳力的我,坐在晓薇简朴的小屋里,心中拂过缕缕温馨,心情陡然轻松了许多。

回去的路上,我的眼前老是晃动着晓薇那甜甜的笑容,她那不上锁的大门,她那引以为自豪的压水井……那些生动的景象,像一股久违的情思,不停地叩击着我那被物欲日夜缠绕的心扉——原来,真正的幸福,不在于是否拥有豪宅大院,不在于拥有多少财物,哪怕仅有一口蕴藏清澈、甘甜的井,只要有一颗时时敞开的、无须加锁的心灵,即便是清贫的日子,也会散发出至真至醇的芬芳……

> 本文入选邯郸市中考语文试卷

# 向尊重致敬

1899年,俄罗斯著名画家列宾,第一次来到距离圣彼得堡仅有40公里的风光旖旎的芬兰湾,便深深迷恋上了这块有着天然油画色彩的土地。在那里生活了一个多月后,他越发喜欢上这块洋溢着艺术气息的风水宝地。于是,他毫不犹豫地买下芬兰湾岸边的一个庄园。庄园内有一栋三层的小木楼,附近是一湖清滢滢的碧水,四周则是茂密的橡树。列宾亲昵地给庄园命名为"别纳特",俄语的意思是"老家"。

每天埋头绘画之余,列宾常常走出庄园,漫步于林中的幽深小径,倾听林间清脆的鸟鸣,嗅着橡树散发的清香,或者干脆坐在那些松软的树叶上,仔细地欣赏一只勤快的蜘蛛,怎样不辞辛苦地在树枝间编织一个漂亮的网,或者冲着那只迅急跑过的野兔欣然一笑。有时,他也会端坐在湖边,望着盈盈的湖水,细碎的阳光洒在肩头,温馨的风轻轻拂过,他的思绪会在一片沉浸的惬意中,悠然远去……

那绝对是一个静谧、安适的理想的居所。许多作家和文化名人,也常常慕名前来别纳特庄园欢聚,像托尔斯泰、高尔基、叶赛宁、夏里亚平等人,都曾是庄园里的常客。

那是至今想来仍让人神往的一段好时光:一群才华横溢的艺术精英,怀着创作的热情和交往的真诚,聚拢在列宾的小木屋里,随意地坐着,站着,轻轻地走动着,壁炉里木桦子噼噼啪啪地燃烧着,桌上的咖啡飘着馨香,一个话题接着一个话题,轻松地交流,热烈地辩论,每一张脸上都洋溢着真诚与幸福。

有人说,列宾的"老家"是一个名副其实的艺术之家,是一个特别招人喜欢的艺术驿站。

然而,平静、自由的日子,还是被战争的硝烟冲散了。1942年,纳粹德军隆隆的装甲车,冲入了芬兰湾,别纳特庄园也被占领。率军进入庄园的德军上校冯·卡登是一个酷爱艺术的军官,很欣赏列宾的作品。他命令士兵仔细搜查庄园,期望能找到一张列宾的画作。然而,他失望了,庄园内有价值的东西已悉数转移。当习惯于摧毁的纳粹士兵,欲将庄园付之一炬时,冯·卡登上校果断地上前制止了他们。他对士兵说了这样一句话:"我们可以参观艺术家的居所,但没有权力毁坏它。"说完,他郑重地向小木屋敬了一个军礼,带着他的队伍向别处开拔。

因冯·卡登的一句话,别纳特庄园得以完好无损地保留下来。如今,那里已成为一个特别值得拜访的名人故居,每年都会接待许多来自世界各地的游客。每每听完讲解员介绍别纳特幸存的故事,总有游客情不自禁地对冯·卡登上校致以敬意。

是的,冯·卡登上校对艺术家的尊重,正是对人类美好艺术的尊重。这样由衷的尊重,足以跨越民族、政治、信仰等鸿沟。这其中,闪耀的不只是一个人的艺术品味,更是一个人的精神境界。

数十年后,站在当年冯·卡登上校敬礼的地方,我向他致以一个来自中国的普通游客真切的敬意。谢谢他,谢谢他不仅保住了一个艺术家的故居,也保护住了我们无数心灵中那些柔软而温暖的东西。

## 用金钱买到幸福

那个周末,我和十几位朋友一起欣然地做了一回"背包客",每人背了一大包书籍和衣物,坐三个多小时的客车,再步行七里多山路,前往省城外一所希望小学,向那里的孩子们献上一份爱心。

虽说大家是临时集结到一起的,年龄、身份、职业、性格等各不相同,但每个人都怀着一样的心愿,都背了统一购置的背包,组成了一个和谐的小团队。一路上,大家说说笑笑,仿佛在参加一次愉快的春游。

我身旁那位气质特好的中年女士,谈吐温文尔雅,我惊讶地得知她是一家跨国公司的总经理,手下管着数千名员工。而前面那位背了最沉的大包、脸涨得红扑扑的胖男孩,则是一位典型的"官二代",他的父母都是电视上经常抛头露面的显赫人物。我知道,我们每个人,都是自愿选择当"背包客"的,我们都觉得自己是在做一件有意义的事情。

一走进山中的那所希望小学,孩子们呼啦啦地涌过来,拿着我们背来的课外读物,边翻边交流,快乐得像一群叽叽喳喳的小麻雀,安静的教室立刻变成了一个欢乐的海洋。孩子们写在脸上的幸福,也深深地感染了我们。我们和孩子们一同且歌且舞,开心得似乎又回到了难忘的童年时光。那个扎着蝴蝶结的小女孩,一直捧着那本厚厚的字典,她激动地告诉我们:"有了它,我以后再也不怕遇到生字了。"

暮色苍茫时，我们恋恋不舍地踏上了归程。每个人仍沉浸于兴奋之中，大家纷纷表示：以后一定多参加这样有意义的公益活动，可以给别人带去一份快乐，自己也分享一份快乐。

"谁还说金钱买不到幸福？只要金钱用好了方向、用对了地方，就肯定能买到幸福。"这次活动的发起者小王，是一家小餐馆的老板，他坚决否定"金钱买不到幸福"这一观点。这次活动，他出资 3000 元钱，亲自去书店选购了适合孩子们阅读的图书。

没错，"要是有人说金钱买不到幸福，那他只是还没有找到上哪儿去买"。我不禁想起了"股神"巴菲特掷地有声的宣言。

随着交谈的深入，我才得知：小王小时候家境十分贫寒，是因为家里交不起学费，他才含泪辍学的，17 岁便到省城打工。他吃了无数的辛苦，赚的钱虽然不是很多，但他喜欢拿钱买东西，送给那些特别需要的人们，像这类活动，他已组织多次。他直言不讳："我还要努力地工作，多多赚钱，有钱真好，可以给别人买到幸福，也给自己买到幸福。"

那天，在电视上看到一则令人感动的新闻：一位年轻的加拿大富豪，购置了大量的帐篷和生活用品，组织了一个爱心车队，浩浩荡荡地开赴非洲的一些贫困部落，给当地贫困的人们送上真诚的关爱。当有记者盛赞他是"爱的天使"时，他连连摇头："我不是天使，我只是把我赚到的一些钱拿了出来，帮助需要的人，买一点点的幸福。"

原来，幸福真的是可以用金钱买到的。只要一个人内心中充满了盈盈的爱意，就会慷慨地付出金钱，实实在在地去实现一个个天使般善美的心愿，让更多的人享受到金钱带来的幸福。

赚取金钱和消费金钱，都应该着眼于获得幸福。如果一个人拥有了很多金钱，却缺少幸福甚至没有幸福，那他一定是不会使用金钱，将金钱用错了地方。须知：用金钱买到幸福，不仅能体现出一个人的高贵品性，还能反映出一个人的人生智慧。

## 有些傻，其实更可爱

寒假里，家住农村、生活一直贫寒的他，来到城里打工，给自己赚下学期的生活费。

虽然他只有17岁，但作为家中的长子，他早已干过很多的脏活儿和累活儿。所以，只要能够及时地发工钱，他并不挑剔干什么活儿，不管是去建筑工地搬砖，还是攀缘高楼擦玻璃，他都乐呵呵地去做，从不吝惜汗水，从不偷工减料。他说："人家看重的就是咱这一把力气，不能省着不用啊。"

一次，他和几个搬运工去给一个教授搬家。明明事先已讲好了价格，可那几个搬运"老江湖"刚搬了几件东西，便故伎重演地要求教授再加一点儿工钱。教授不答应，那几个人就磨磨蹭蹭地不愿干，甚至还摆出撂挑子的架势。教授急得不知如何是好，他过来劝那几个临时凑到一起的同伴："我们还是先把活儿干好吧，别再难为人家了。"

"你小子在这里做什么好人啊？有能耐你自己去搬。"那个胖子大声呵斥他。

"不是我要做好人，我是说做人做事要厚道。"他据理力争。

"你厚道，你就多干一些，我们少干一些，但工钱要拿一样的。"几个人讥笑着难为他。

"没问题，我多干一些。"他竟然爽快地答应了。

那几个人故意刁难他的"逞能"，不仅把最重的几个大件都让他来扛，还把怕磕碰的冰箱、电视等东西交给他来搬运。他一趟趟地楼上楼下地穿梭，累得双腿直打颤，汗水湿透了衣衫，头发湿得像在水里洗过的一样。

当他把最后一件东西搬进教授的新家时，他一下子瘫坐在地上，大口喘着粗气，连那份平均的工钱都接不住了。

教授感动地要塞给他二十块钱小费表达心意，他摇头谢绝了："说好的，是多少就是多少，不能多收的。"

那几个同伴便笑他太傻了，说他的脑袋里灌水了，太不会办事了。

他不置可否，坦然地走了。每次干活，仍是特别卖力气，只为挣一份心安理得的工钱。

冬日的一个早上，他正在落雪的人行道上急急地走着，他要先去邮局给家里汇一笔钱，然后去接一个同乡介绍的一份好活儿。忽然，他看到一辆没有牌照的小车将一位老人刮倒在路边，肇事的小车飞快地溜走了，只留下昏迷的老人躺在地上。过往的路人生怕沾惹麻烦，纷纷躲到一边，只有他赶忙跑过去，伸手拦了一辆出租车，把老人送到了附近的一家医院，并掏出了兜里的钱把老人送上手术台。

老人的家人赶来后，以为是他惹的祸，非但没感谢他，还要让他拿医疗费。而这时，被摔成脑震荡的老人也不能帮他说明真相。他百口莫辩，委屈得眼泪都出来了。争执了两天后，恰巧一位当天的目击者来医院，把当天的事情经过告诉了老人的家人。

老人的家人羞愧难当，他们说没想到一个打工者会做这样的好事，忙拿出一笔钱来答谢他。他拒绝了："碰上这样的不幸，你们心情不好，我能够理解。再说了，我做这件事可不是为了让你们感谢的。"他一身轻松地离开了医院。

同乡知道他为救一个素不相识的老人，不但丢掉了一份好活儿，还受了一顿冤枉，直笑他太傻了，简直是天下难找的傻瓜。

他却呵呵地笑着，一脸的无悔无怨："傻就傻吧，反正我没做错事。"

如今，他依旧是那座城市里辛苦的打工者，依然喜欢犯傻，做了很多叫人摇头的"傻事"。

快开学的那一天，他买了文具，刚一出商店门，就听到有一位姑娘高喊着抓小偷，他毫不迟疑地朝那个正奔跑的小偷追去。小偷见他追近了，从兜里掏出一把刀，威胁他不要靠前。他稍一愣，从地上捡起一块砖头，舞动着扑了过去。小偷扔掉手里的包，夺路而逃。他将包递给随后追来的姑娘，又继续追赶前面的小偷，直到将其抓住，交给赶来的警察。这时，他才感觉到胳膊有些疼痛，原来，自己刚才与小偷搏斗时，胳膊被刀划伤了，正流着血。

一位记者报道了他的事迹，他的名字和照片上了那座城市非常有影响的晚报，给人们带去了很多的温暖和感动。人们都说他像电影《天下无贼》里的傻根，傻得亲切，傻得可爱。

他帮助的那个姑娘的父亲，拥有一家很大的公司，为表达感激和敬佩之情，特别资助了他上高中全部的学费，并告诉他可以随时来自己的公司打工。同时，还将他的父母安排到公司里面，让他们有了体面且收入稳定的工作，日子一天天地好起来。

他就是我乡下邻居家的孩子陈大军。陈大军用真实的经历告诉我们——有些傻，其实更可爱。厚道地做人做事，可能会吃亏一时，但不会永远吃亏。送人玫瑰，手有余香。你心中能经常地想及他人，他人也会想到你。

## 第三辑
## 因为深深懂得,所以爱得一往情深

能够从一棵古树盘曲的虬枝上读出岁月的厚爱,能够从一溪奔涌的清流中读出生命的欢喜,那一定是一个慧眼锦心的人,因为深深地懂得,会心甘情愿地爱上一朵白云,爱上一片草原,爱上擦肩而过的每一个人,爱上琐屑的平凡小事……一往情深,一次,便可以永恒。

## 知道你冷，所以我来

大四那年，曾资助过他读书的那位老板找到他，让他做一次"枪手"，帮其侄子替考闯过公务员笔试那一关。老板再三强调各个环节都已打通，他只管放心去考试，保证不会出任何差错。老板还递给他一万块钱作为替考的报酬。

一方面出于报恩，一方面他那时特别需要钱，因为父亲拖了许久的老胃病又犯了，急需住院费。另外，老板又一再表白他已做了万无一失的周密部署，他便不再拒绝。

像老板说的那样，他顺利地帮助老板的侄子通过了笔试一关，却没想到，在他即将毕业进入那家已签约的大公司时，老板的侄子在面试时再度作弊被发现，并由此牵扯出他参与笔试作弊的问题。很快，他受到了学校严厉的处罚：开除学籍。他不仅因此很自然地失去了一份好工作，连以后的工作都难找了。

刚结识的女友也立刻与他分手了。一重打击又加一重打击，他欲哭无泪，眼下和未来在他心里都是一片黯然。他茫然地走出大学校园，面对大街上喧嚷的人流和车流，他真不知道自己接下来的路该怎么走。

摇摇晃晃地走过那高高的过街天桥时，他脑海闪过那个念头——纵身往下一跳，就此彻底解脱。但是，远方山村里，父母苍老的身影和热切期盼的眼神,又无比清晰地在他脑海里闪过。他告诉自己:所有的苦自己都得咽下去,所有的难自己都得扛起来,他别无选择。

冷静下来,他决定先不把事情经过告诉父母,自己先留在京城打拼,等以后拼出一方天地以后再说。主意打定,他先在市郊一家公寓租了一个床位,然后赶赴各个人才市场寻找一份维持生活的工作。

因为没有大学毕业证,他只得接受一家货运公司很脏很累而且报酬很低的工作。对此,他只能先忍了,因为他此时没有与用人单位讨价还价的资格。

那天快下班时,他与工长吵了两句,窝了一肚子气,拖着一身疲惫回到住处。刚踏进那个残雪凝冰的破落小院,他便愣住了,眼前站着的是他的小师妹,一个长得清秀的北京女孩,他在校广播站做编辑时,她是播音员,曾有过两次简短的交谈。

"你怎么找到这里来了?"他已换了手机卡,以为没有同学和朋友会知道他住在这里。

"想来看看你,总会有办法啊!"她浅浅地一笑,把手里的一网兜水果递过来。

"谢谢你!快回学校吧,不要再来这个破地方了。"他不愿接受怜悯和同情。

"这个地方的确很破,但比我曾住过的地方还是好多了,前面那个大水塘里还有鱼呢,我下午还看到有人在那破冰捕鱼呢。"她轻轻地搓着冰凉的手。

"是吗?你什么时候住过比这更破的地方?"此刻,他的身体和心都还凉着,他突然希望有人和自己聊聊。

"找个暖和的地方,请我喝一杯酒,给你讲讲我的故事。"她真有慧眼,一下子明了他的心思。

他随她来到她已看好的附近一个农家小饭馆,选了一个带火炕的单间。

热乎乎的火炕，让他突然有了到家的感觉。一坐下来，她又提条件了："我来请你喝白酒，因为知道你我酒量都有限，花钱少，等花钱多的时候你再请。"

看着她一脸的认真，再听她那叫人心暖的理由，他点头同意了。

其实，她和他一样平时都不喜欢喝酒，但那一刻，他们都特别想喝酒，几口地道的北京二锅头下肚，他和她都被呛出了眼泪。她脸红扑扑的，更漂亮了。

品着暖口暖心的酒，她给他讲了自己小时候生病，家里没钱买药，父母流着泪看着她硬挺着，她最后竟大难不死，原来靠卖糖葫芦为生的父母，竟然还做大了买卖。听了她那令人唏嘘不已的遭遇，他也敞开了心扉，向她讲述了自己坎坷的求学经历。

两个人讲到动情处，便一边擦眼泪，一边碰杯。他们忽然发现：原来，他们对于人生有着相同的感受。

那晚，他没再懊悔替考的事情，没再感伤被学校开除的结果。她也没对他说跌倒了爬起来之类的励志打气儿的话，他们回忆从前的那些苦日子，也谈了各自以后的打算。

出了小饭馆，迎面而来的料峭寒风，似乎也没了往日的冰冷。他由衷地感谢她这个时候来看他，能够听他倾诉淤积在心里的愁苦。她笑着说得感谢他，是他让她再次咀嚼了生命中那些宝贵的磨难，有了做得更好的冲动……

她乘末班车回学校了，他仍站在那里，望着她远去的方向，心潮翻涌。

知道她安全回到宿舍了，他实在忍不住又发短信追问她："为什么今天非要来我这里？"

"知道你冷，所以我来。"她简洁的短信，让他回想起了那个秋风乍起的夜晚,他在广播站值班,她站在门口关切地提醒他:"天凉了,别感冒啊。"

"知道你冷,所以我来"。八个让人心暖的字,八个让人心动的字,最最寻常的字眼里盛满了真挚的爱意,几多关切,几多期许,让愁绪散落,让沮丧遁去,他一遍遍地读着那八个字,将深深的感激埋藏心底。

三年后,他在北京拥有了自己的文化公司,拥有了值得骄傲的事业和幸福的家庭。无数次,他向妻子和朋友们讲起他最心灰意冷的那段日子,讲起她的到来,讲起那温暖他一生的八个字——"知道你冷,所以我来"。只那么轻轻地启齿,便有柔柔暖意,穿过悠悠岁月,唤起生命中那些刻骨铭心的往事,清新而美好。

## 美善的花静静地开

又是岁末,又是祝福纷扬的季节。

夜已很晚了,天空中飘起了细细的雪花,她推起那个用铁皮桶改制的烤炉,慢慢地朝家中走去。她在那个街口卖烤地瓜,已经好多年了,生意不好不坏,勉强能维持温饱的生活。

回到家中,她找出那两本已翻得有些破烂的杂志,翻到后面那让她无数次唏嘘不已的几页,那上面印着一些渴望救助的穷困孩子的简单情况和联系地址。她拿来一沓明信片,开始给那些散在远方的孩子们,书写自己心中的祝福。一词一句,细细斟酌;一笔一画,认认真真,她像一个虔诚的修女,让那一个个方块字朝圣般地排列开来,仿佛在摆放一朵朵洁白的雪莲花。

她从杂志上那些简短的介绍性文字里面,读到了太多的艰难、苦涩、无奈、渴望和憧憬,她知道每一小段文字后面,都藏着一个酸楚的故事。她多想帮一帮他们,给他们一缕温暖,给他们一份欣慰,给他们的梦想插上翅膀……然而,她自己也是这座城市里极为卑微的一员,卑微如一株被人近乎忽略的小草,每天都在忙碌地追赶着自己的温饱,像一只勤奋的蚂蚁。

然而,除了轻轻地叹息,除了暗自流泪,她还是想为那些被贫困逼回家里的孩子做些什么。她想了又想,终于有了一个主意:给每一个孩子邮寄一张明信片,写上关切的话语,写上祝福的话语,让他们感觉到,这个世界并不是冷漠的,生活也并不是黯淡的,还有人在乎他们的冷暖,还有人期盼他们幸福……她多么希望,这些薄薄的明信片,真的会给一颗颗在窘迫中跋涉的心灵些许温暖。

一张张明信片写好了,她又一一按照杂志上的地址核对了一遍,生怕她的心愿无法抵达。

我不曾问过她后来怎么样了,但我相信:她那些如花的善意,一定会穿越万水千山,会春风般地吹入那一颗颗渴望美好的心灵。

我曾经采访过一位企业家,他生前曾捐助过近百名大中小学生,他们很少向他表达感激,当他患了不治之症,住进重症病房后,有不少当初受过他捐助的学生知道了,却只有三名学生打电话或到医院去探望过他,其他的受助者似乎都忘却了他,没有给他送上一份关切,甚至当我追问一名受他帮助已读完大学,找到工作的年轻人,为什么不去看望自己的恩人,那名大学毕业生竟借口自己刚参加工作,太忙了,没顾过来。

当我慨叹某些年轻人不懂得感恩时,已病入膏肓的企业家却淡然道,不要责怪他们,当初伸出援助之手时,根本就没有想过将来要获得怎样的回报。人生一世,有一些善美的花朵曾经绽开过,曾给人送去过美丽、送去过馨香,就足够了。

我的心不禁一颤:原来,在岁月沧桑的枝头上,那些善美的花朵,兀自绽开,兀自飘落,都那么自自然然。唯此,才让人们蓦然回首时,内心陡生美好,如诗。

## 为了那份信任

他叫何贵山，17岁那年他便开始在县城里出苦力，拼命地劳作，也仅仅是勉强维持一个人的温饱，直到后来追随那位盐商郑老板走南闯北，生活才算是有些改善。郑老板非常欣赏他的忠厚、勤勉，对他十分信任，一些重要的事情也敢交给他去办。

1944年冬，一直在秘密帮助八路军运送物资的郑老板，因叛徒出卖，全家都被日本宪兵投入了监狱，最后都惨遭杀害，只有一个在外地读书的儿子躲过了劫难。

郑老板在被捕前，曾经交给他十根金条，叮嘱他："你一定替我保管好，万一哪天我出了事，请把金条交给我儿子。"

他把金条装进陶罐里密封好，埋到了老家的后山祖坟旁的一棵老树下面，也把一个秘密深深地埋在了心底。

解放后，他回到了家乡靠山屯，娶妻生子，守着几亩薄地，过起了清贫的日子。

20世纪60年代的"大饥荒"，他家里好几个月吃不到一粒米，整天吃树皮吃得浑身浮肿，妻子挖野菜时坠下山崖，三岁的小儿子活活被饿死了。

即使那样，他也没有想过动用那十根金条，仿佛它们根本就不曾存在。

有一年,他害了一场大病,因交不起高昂的药费,让女儿含泪拉回家中听天由命。没想到,他竟然打败了死神。病愈后的他,虽说清瘦了许多,但身子骨却硬朗了许多。他笑呵呵地对女儿说:"我死不了,是因为还有心愿未了呢。"

"那是啊,您还要看着我们过上好日子呢。"女儿并不知道父亲心里还有一个沉甸甸的心愿——只有把那十根金条交到郑老板的后人手里,才会心安啊。

80年代中期,女儿开始经商,资金最紧张时,他卖掉了家里老房子。十多年的辛辛苦苦后,经商赚了钱的女儿,在县城买了宽敞的楼房,要接他过去享享清福,可他说什么也不肯,借口不愿意离开已生活习惯的山村,其实他是想在山村里等着郑老板的后人某一天突然出现。

2006年深秋的一天,他正微眯着眼睛坐在墙脚听收音机,仿佛惊雷般的一瞬,他猛地站起身来——那位归国工程师讲述的一个小故事,提到了郑老板的名字,还提到了与他有关的那个没有凭证的托付。

原来,新中国成立前夕,郑老板的儿子便去了美国,虽然记得父亲曾说过有一笔财产托付给了何贵山保管,但世事沧桑,国际、国内风云变幻,郑老板的儿子与何贵山一直没有联系上,随着时间的流逝,他和他的后代们已渐渐淡忘了这件事。

几经辗转,步履蹒跚的他终于找到了那位工程师——郑老板的孙子,将埋藏了62年的十根金条递给已经人到中年的工程师手里,一件跨越了无数风雨的心愿终于实现了,他浊泪盈眶地喃喃道:"郑老板,您托付给我的事,我终于完成了……"

两个月后,在一个大雪纷飞的晚上,何贵山老人无疾而终,享年90岁,是靠山屯寿命最长的老人。村民们都感慨——老人守着一大堆金条清贫了一辈子,精神清洁得就像枝头那白白的落雪……

## 母亲一直在倾听

母亲先天聋哑,一辈子陷在无声的世界里。

他小时候,口吃很严重。母亲领着他四处求医,尝试了种种治疗方法,虽然收到了一定的疗效,但说话快了仍会有些口吃。

听一位医生介绍,口含石子不仅可以练习发音,还可以缓解肌肉紧张,有助于矫正口吃。他就每天口含鹅卵石对着一面小镜子,练习快速地朗读文章。而母亲每当忙完自己手里的活儿,总会静静地坐在一旁,微笑着看着他,一副很沉浸的样子。

后来,听说经常唱歌,对校正口吃也有帮助。于是,一有空闲,他便站在院子里扯着嗓子唱歌,一首接一首,尽管跑调难听,可在他跟前的母亲却听得津津有味,眼睛里流露的全是赞赏和骄傲,似乎他跟电视上的歌星一样有着动听的歌喉。

初中快毕业时,他代表学校去乡里参加演讲比赛。很少出门的母亲早早地坐在了台下,在他的演讲过程中,母亲一次次地使劲为他鼓掌,好像他是所有选手中讲演最棒的。只有他知道,他那慷慨激昂的演讲,母亲其实一句也听不到,但她似乎全明白他演讲的内容,她眼睛里的喜悦阳光一样无遮拦地流淌着。

高二那年,他想买一台复读机提高自己的英语听力和朗读能力,但窘迫的家境让他几次欲言又止,父亲知道他的心思,却只能无奈地叹息,只能安慰他——再想想别的办法吧。

距高考的日子越来越近了,而他实在想不出更好的办法来提高自己的听力。那天,他正对着刚刚发下来的英语考卷黯然伤神——听力 30 分的题,他只听清楚了 4 分的题。

这时,母亲赶了上百里的山路,风尘仆仆地来到了县城一中,欢喜地递给他一台崭新的复读机,然后便匆匆地搭便车回家了。

寒假回家,他才从父亲那里得知母亲悄悄地变卖了她唯一值钱的东西——当年结婚时外婆送她的一对祖传的银手镯,为他买了那台复读机。

望着母亲那被艰辛岁月弄得明显粗糙的手臂,他心头滚过一阵难言的灼热——谁说母亲什么都听不到?母亲不仅看得到,更听得到。

接到大学录取通知书,他一个字一个字地念给母亲听,母亲孩子一样幸福地听着,仿佛自己中了大奖一样,脸上溢满了兴奋。

再后来,每当他取得一点点的成绩,回到家里,他都会兴致勃勃地讲给母亲听,而母亲总会慈爱地望着他,满脸堆笑地认真倾听着,好像一切都听得明明白白。

那天,他正跟母亲絮絮地述说着他的大学生活,一位高中同窗突然来访,惊讶地问他:"你说的那些,母亲能听得到吗?"

"当然能听得到,虽然她的耳朵听不到,可是她的眼睛会听,她的心会听啊。"他自豪地告诉同窗。

他说得对,母亲一直在悉心地倾听着他成长的脚步声,她听得真真切切,因为她用的是一颗挚爱的心灵。

## 最好的收藏是欣赏

去欧洲的旅途上,我有幸结识了一位著名的古玩鉴赏家。与其闲聊收藏,我提了一个问题:"最好的收藏是什么?"

鉴赏家掷地有声地回答:"最好的收藏是欣赏。"

"为什么是欣赏?"我面露困惑。

"没错,面对世间无数的奇珍异宝,你只需学会欣赏,便足够了。只有懂得欣赏的人,才真正明白收藏的真谛,不是占有,而是分享。"鉴赏家的目光深邃而清澈,一如蔚蓝、辽远的天空。

我不禁想起了"中国民间文化守望者"、台湾著名杂志《汉声》的创办人黄永松。他曾当过摄影师,做过导演,但从1971年开始,为了弘扬中国的民间文化,他开始将热情探寻的足迹,撒遍无数的乡野和村落。他曾见识过许多民间珍藏,但他从不收藏,只是欣赏。

那一年,他偶尔在一部典籍中,得知贵州有一种特别的蜡染古法。于是,他兴致勃勃地踏上了找寻之路,黔东、黔西、黔南、黔北,他记不清自己究竟走访了多少个山寨,问询过多少人,终于在贵州麻江县龙山乡青坪村,惊喜地见到梦寐以求的古法蜡染。

那位坐在青石板上晒太阳的曹汝讲老人已经 102 岁了,虽说腰明显地驼了,却依然耳聪目明,身手敏捷。她拿出 90 岁时以古老的竹刀、木蜡创作的背扇,黄永松的心立刻被点亮了:不可思议的构图,浑然天成的色彩,巧夺天工的技法……整件作品鸟语花香,春光明媚。

黄永松呆呆地望着那件稀世珍品,仿佛看到了博大精深的世界。

那会儿,黄永松正准备筹办一个"中国蓝印花布"展览。或许是对古法蜡染太痴迷了,他唯一一次想破例,购一件古法蜡染作品。

他与曹汝讲老人的曾孙商量后,曾孙同意转让一件背扇给他。然而,就在他拿了那件背扇准备离开时,老人却追了过来,抢回背扇,执意不肯让他带走。曾孙过来与老人耳语了许久,老人终于同意了,但她随即做了一个令人吃惊的举动——她用剪刀从背扇上剪下一个小角,然后把背扇交给黄永松,认真地告诉他:"我把灵魂留下,身体给你。"

"我把灵魂留下,身体给你。"轻轻地重复一遍,黄永松的眼角陡然一阵灼热。

原来,每一件与生命息息相关的物品,其实都是有灵魂的。面对那些具有灵魂的珍品,我们每个人都应该心存敬畏地欣赏,而不能占有性地收藏。

从那以后,黄永松一直要求自己和手下的编辑们,无论走到哪里,都"只带走照片,只留下脚印",一路欣赏世间的美好,一路在心头珍藏美好。

细细想来,能够以一颗欣赏的情怀,去对待世间的万事万物,去与熟悉的或陌生的人们相处,那该有多好——看到美丽的景物,停下脚步,慢慢地欣赏,可以欢呼雀跃,也可以细细地品味,可以存于相机里,也可以留在画布上;遇见罕见的珍品,不妨好好地品鉴一番,把玩一番,把赞叹留下来,把欣赏印刻在心头;碰到可心的人,且与之谈笑风生,把由衷的欢喜留下,将难忘的记忆带走……因爱意盈盈的欣赏,斩断了欲望的羁绊,剔除了贪婪的缠绕,我们会蓦然发觉,目光柔和、身心清爽的自己,每一刻都会被一些美丽簇拥着,自己也成了美丽的一部分……

如果你执意要收藏一些东西，就像那位读懂了沧桑岁月的百岁老人那样，学会收藏一些美丽的灵魂吧。譬如，收藏那些时聚时散的云朵，那些有情有义的落花流水，那些质朴无琢的亲情，那些一尘不染的友情，那些甘甜醇美的爱情……只要你有一颗愿意欣赏的心灵，再加上一双欣赏的眼睛，你就一定会收藏到这个世界上最珍贵的东西。

## 因为我在那个位置上

几年前，美国著名心理学博士艾尔森对世界各领域中的100名杰出人士做了一项问卷调查，结果让他十分惊讶——其中61%的成功人士承认，他们所从事的职业，并非他们内心最喜欢做的，至少不是他们心目中最理想的。

一个人竟然能够在自己不大理想的领域里，取得那样辉煌的业绩，除了聪颖和勤奋，所依靠的还有什么呢？

带着这样的疑问，艾尔森博士又亲自走访了多位商界英才。其中，在纽约证券公司工作的金领丽人苏珊极具代表性的经历，给了他一个满意的答案。

苏珊出身于中国台北的一个音乐世家，她从小就受到了很好的音乐启蒙，她也非常喜欢音乐，期望自己能够一生驰骋在音乐的广阔天地中，但她阴差阳错地考进了大学的工商管理系。一向认真的她，尽管不喜欢这一专业，但她学得很认真，每学期各科成绩均是优异。毕业时被保送到美国麻省理工学院，攻读当时许多学生可望而不可即的MBA，后来成绩突出的她，又拿到了经济管理专业的博士学位。

如今已是美国证券业界风云人物的她，依然心存遗憾地说："老实说，至今为止，我仍说不上喜欢自己所从事的工作。如果能够让我重新选择,我还会毫不犹豫地选择音乐,但我知道那只能是一个美好的'假如'了,我只能把手头的工作做好……"

艾尔森博士问她:"你不喜欢你的专业,为何你学得那么棒?不喜欢眼下的工作,为何你又做得那么优秀?"

"因为我在那个位置上,那里有我应尽的职责,我必须认真对待。"苏珊的眼里闪着坚定,"不管喜欢不喜欢,那都是自己必须面对的,都没有理由草草应付,都必须尽心尽力,那是对工作负责,也是对自己负责。"

在艾尔森随后的走访中,更多的成功人士所谈的认识,与苏珊的思考大致相同——因为种种原因,我们常常被安排到自己并不十分喜欢的领域,从事了一份自己在内心里并不十分爱好的工作,而又一时无法更改。这时,任何的抱怨、消极、怠惰,都是不足取的。唯有把那份工作当作一种不可推卸的责任担在肩头,全身心地投入其中,才是正确的选择。而那些成功,就是从那份对职业的忠实与认真中一点一点地演绎出来的……

苏珊的话很耐人寻味——"因为我在那个位置上",凝聚了她对自己所从事的工作的敬重,凝聚了她不甘平庸的理念。正是她的这种"在其位,谋其事,成其事"的敬业精神,让她赢得了令人瞩目的成功。很多人常常无法改变自己在工作和生活中的位置,但完全可以改变其对所处位置的态度和方式,自然,也会因此找到许多的乐趣,因此拥有一份骄傲的人生。

◇ 本文入选哈尔滨市高考语文模拟试卷

# 他最开心的那一天让人落泪

二十年韶光流水般逝去,大学同窗再聚首,昔日羞涩的淑女较劲儿似的夸耀老公和儿女的优秀,当年自卑的男生则在高谈阔论各自行走于社会江湖的骄傲。

聚会组织者抛出一个话题:"毕业后最开心的那一天"。每个同学都向大家讲述了自己最开心的那一天:有评上高级教师的那一天,有当上处长的那一天,有移居美国的那一天,有彩票中大奖的那一天,有双胞胎考上大学的那一天……林林总总的"最开心的那一天",令每个人的脸上都溢满着幸福。

最震撼人心的,也让人不禁泪光闪烁的,却是当年的"校园诗人"潘岳讲述的自己毕业后最开心的那一天——

大家都知道,我一毕业就去了那个偏远的矿区小镇,当了一名语文老师。那所学校办学条件特别差,连一个简陋的图书馆都没有。我刚去报到时,也萌生过要离开的念头,可一登上讲台,面对那一双双充满渴求的目光时,我便猛然意识到:自己是那么卑微,又那么重要。

于是,我决定留下来,努力去做一名让学生喜欢的好老师。

我没有满足于把课讲好，把班主任工作做好，我还想给学生们建一个图书室。有了这个想法后，我便开始行动了。因为买不起新书，我就骑着那辆二手自行车，每个周末都走街串巷去收购别人淘汰的旧书。几个月下来，我把学校附近的几个村镇都跑遍了，收购了300多本书，也花掉了我两个月的工资。

学校腾出了一间教室，专门存放我收购来的图书，还安排了一位教工做专职的图书管理员。看到学生们兴奋地翻阅着我收购来的书籍，我那些奔走日子里所受的苦、遭的罪，全都烟消云散了，心里像灌了蜜一样甜。

那天，我乘公交车去了更远的县城，期望能收购到更多的书籍。但转了整整一天，并没有令我欣喜的收获。我没有灰心，找了一个10元钱一宿的个体旅店住下，准备第二天再去碰碰运气。

晚上无意的闲聊时，旅店老板得知我是一名老师，正四处奔跑着为学生买旧书，他向我透露了一个让我睡意全无的好信息——县城里有一家大化工厂倒闭半年多了，那个工厂原来有一个不小的图书室，有上万册的图书，以前淘汰过一些，也丢失过一些，听说还有一些没处理掉的。

第二天一大早，我就急匆匆赶到那个倒闭的化工厂，两个留守看护厂房的人，听了我的来意，告诉我说，那些书好像领导已答应卖给一家废品收购站了，并谈好了价钱。我急切地请求他们让我先筛选一些，我可以多给他们一些钱。他们打电话跟领导请示了一下，同意让我先挑选，但我得再多加100元钱。

走进那个布满灰尘的图书室，我的眼睛都亮了，那里面真有不少好书啊，有的还是新买的，都没有拆封呢。我一排排地搜寻着，把我认为适合学生阅读的，全都堆放到一起。从早上一直忙到下午三点多,我兴奋地看着挑选出来的足足有两千册的书,全然忘却了饥饿和口渴。交款时,我发现兜里带的钱不够了,便打电话向住在县城里的同学求援。拿到钱,我又租了一台敞篷的农用四轮车往学校运送。为了省下搬运费,我一趟趟地把书从三楼搬下来装上车,累得我几乎都虚脱了。黄昏时分,我才把最后一捆书搬上车。

我费力地爬上拖挂车厢,躺在书堆上,饥肠开始咕咕地叫唤。这时,我才意识到自己已经一整天没有吃东西了。可是,看着那一车的书,我竟嘿嘿地笑了起来,仿佛捡到了大块的金子。

四轮车在公路上突突地跑着,疲惫不堪的我躺在那里,想着下个月开工资要先还给同学,再去购书恐怕要等两个月以后了,也好,自己可以好好休息一下。我想着想着,便开始打瞌睡了。

我正在迷迷糊糊之中,忽然听到司机惊慌地大喊着:"快跳车!快跳车!"

我猛地睁开眼,发现行驶在那座老旧的公路大桥上的四轮车,正失控地七扭八拐地跳着舞,显然是车闸突然失灵了,司机已无法操控了。那一刻,我本能地用身子护住那一车的书,全然忘了失控的四轮车随时都会给我带来致命的危险。

司机又冲我喊了一声:"快跳车!"他迅速地跳下了车,车头径直撞向了大桥护栏,随着护栏"咔嚓"的断裂声,车速也骤然减缓,但车头还是在惯性的带动下,冲破了护栏,摇晃着悬挂在大桥侧面,幸好后面的拖挂车厢被突起的一截钢筋卡住了,没有随之坠入桥下去。大桥下面是湍急的河水,正翻滚着浪花不停地奔流着。要是拖挂车厢没被卡住,我和那一车书恐怕就都没命了。

我慢慢地爬下车来，看到坐在地上一脸煞白的司机，我才后怕地意识到刚才真的可谓是惊心动魄，我们两个人都命悬一线。司机惊愕追问我："刚才一个劲儿地喊你，你为什么不跳车？是吓傻了吗？"

我心有余悸地说："我当时脑子里只有那些书了，已经忘了危险。"

司机很后怕地说："你真是一个书呆子，命重要，还是书重要啊？不过，也可能是你平素积善行德了，老天有眼，遇到这么大的危险，我们人和车居然都保住了。"

"真是幸运！真是幸运！"我连连慨叹，若是我们当中谁有个好歹，后果真不敢想象。

等救援的车将悬在桥侧的车头拉上来，把书拉回学校，已经是后半夜了。我瘫软地倚坐在宿舍床上，一口气吃下三大包方便面。

闻讯赶来的校长和老师们，听我轻描淡写地讲述了这一天的经过，都为我感到庆幸。的确，那一天，我弄到了那么多的书，又逃过了那一劫，真的是很幸运。

要说毕业后最开心的一天，我想就应该算是那一天了。

潘岳平静地讲完了自己最开心的那一天，掌声久久不息，同学们的眼睛都闪烁着晶莹。

好几个女生抹着眼泪，说潘岳你可把我们大家都吓坏了，以后再也不准你干那种傻事了，如果再需要书，你就跟同学们说，我们大家共同想办法。同学们也异口同声说，对，我们一起想办法。

潘岳又兴奋地告诉同学们，他所在的学校如今已被评为省级示范学校了,上面投资建了图书馆、语音室、微机室、实验室,早已经今非昔比了。看到学校一天天的变化,他每一天都很开心。

毕业二十周年聚会有很多令人难忘的话题,但潘岳讲给大家的"毕业后最开心的那一天",在此后的许多同学相聚时,总会被情不自禁地提起。每一次提起,大家仍不免感慨唏嘘,为他那特别的一天,也为各自曾经精彩或平淡的日子。

## 美丽的一跪

那年,品学兼优的她大学一毕业,就主动申请来到西部一所山村中学援教。

那个山村虽然相对闭塞一些,但自然条件不错,物产也较丰富,村民的生活不富裕也不算穷,只是村民们对教育普遍不大重视,学生辍学现象比较严重。看到许多孩子早早地辍学去打工挣钱,她感到非常惋惜,就一家一户地登门拜访,苦口婆心地劝说家长们支持孩子读书,但效果并不理想,许多村民很知足地认为:现在挣钱的门路挺多的,得抓紧时间挣钱,山里的人花那么多钱读书不划算。

怎么会有这样的想法呢?她有些不解地问老校长。老校长叹息道:"山里人眼睛看得近,只注意眼前的实惠。"

"现在不读书,将来想弥补都来不及啊!"一想到班级辍学孩子在增多,剩下的也大多没心思上课了,她便心急如焚。

"唉,没办法啊,好多老师都努力过,但无济于事啊。"老校长满脸的无奈。

望着远处起伏的大山,一向不肯低头认输的她暗暗告诉自己——不管有多难,也要尽全力劝孩子们返回课堂安心读书。

她知道,要打破村民们根深蒂固的旧观念,必须要先抓典型。于是,她将目光先瞄准了陈启。陈启的父亲是村里公认的能人,他家开了一个山野菜加工厂,村里很多大人、孩子都在他的厂子里打工,陈启是孩子们的头。

可当她一谈起陈启读书的问题,他父亲便不以为然道:"老师,你看我也没读过多少书,日子过得不是也很好吗?"

"你的日子确实过得不错,可是你不能让你的儿子一眼就看到了将来啊。"她说陈启是一个很聪明的孩子,他应该有更好的发展。

"山里讲究实际,我给儿子打一个好底儿,他将来生活也没什么担忧的,就知足了。"陈启的父亲很固执。

她又努力了几次,仍没有说动陈启的父亲。思忖了半天,她决定采取迂回战术,她先找机会跟陈启闲聊天,转弯抹角地讲一些关于读书有益的事情。得知陈启喜欢看人物传记,她便找来一些名人传记借给陈启,并与他一起探讨书中人物的人生选择等问题。她还不失时机地直夸陈启悟性好,若好好读书,将来肯定会有大出息的。渐渐地,陈启对她描绘的美好未来动心了,想回到学校继续读书的愿望一天天强烈起来。

然而,陈启的父母说什么也不肯让儿子回学校读书。那天,陈启流着泪跟她说:"谢谢老师,虽然我非常想读书,可是我没那个命。"

"想读书就一定要去读,命运是握在你自己手里的!"她大声地冲陈启喊道。

"可是……"平素很听父母话的陈启低垂着头。

"没有什么可是的,我再去找你的父亲,一定让他答应你读书。"她拉着陈启来到了加工厂。

任凭她说破了嘴,陈启的父亲仍不同意陈启回学校读书。急切之中,她双腿向前一屈,竟然当着众多村民的面,在陈启父亲面前郑重地跪了下来,声音哽咽着:"为了孩子,我求求你!"

一时间,众村民们惊呆了。他们无论如何也不会想到与他们素昧平生的支教老师，竟会用这样尊贵的方式，表达她那执着的信念。陈启的父亲慌乱地扶起她："老师，你快起来，我答应你就是了。"

她的双眸晶莹闪烁，目睹此情此景的村民们纷纷地唏嘘不已，他们终于明白了眼前这位年轻女老师的良苦用心。不久，许多孩子纷纷重返校园。她和老师们欣慰地笑了。

数年后，那所山村中学陆续考出许多大学生，他们中最优秀的陈启，在告别北大的一次讲演比赛中，满怀深情地讲述了她的故事，他由衷地感慨道："是老师那美丽的一跪，震撼了村民们蒙昧的心灵，改变了许多孩子的命运；是老师那真诚的一跪，让我读懂了知识的尊贵，明白了什么是真正的热爱……"

虽然她支教的时间只有短短两年，但她却给那个山村留下了许多动人的话题，尤其是她那美丽的一跪，已铭刻在了许多人心中，成为一道感动岁月的风景。

## 我看到了花的灵魂

她只读到初二就流着泪辍学了,因为家里实在太穷。

15岁那年,她便开始到省城打工,做过餐馆服务员、擦车工、童装工、送奶工、保姆……各种苦活儿、累活儿、脏活儿,已伴随她走过了13年的青春时光。如今,她依然在一家快餐店打工,主要工作是送外卖,兼做刷餐具、摘菜等杂活,每天的工作量很大,月薪也只有600元,可她很满足,因为到了晚上,她可以到附近的大学图书馆看书,还可以悄悄地溜进某一个教室,坐在最后一排旁听些喜欢的课。

28岁的她至今没有恋爱,她说她现在还没有考虑嫁人的问题,她不想走许多乡村女子那样的路——结婚、生子、养家糊口,一辈子拼命劳作,依然难免清苦。她想好好品味一下一个人的精彩生活:她现在与六个打工的小姐妹合租一间带厨房的小屋,合伙做饭。她的手艺是最好的,即使活儿干得多一点,她也不计较,大家都喜欢她这个"好姐姐"。

她爱美,喜欢打扮,会到地下商城精心挑选一折出售的漂亮衣服,会给自己买一盒廉价的护肤霜,会买一副五元钱的太阳镜。她也有一只普通的花瓶,也向诗人李琦学习,里面从来不装花,只装半瓶清水。问她为什么,她的回答中诗意摇曳:那是花的灵魂,美丽的花,一朵朵地,开在我的眼里,更开在我的心上。

没错，她还是一个喜欢诗歌的女孩，每月必买的一本杂志是《诗刊》。这些年来，她读过许许多多的诗歌，仅仅自己动手摘抄的就有厚厚的5个日记本。她说她现在已经嫁给诗歌了，她喜欢每天睡觉前都要读一会儿诗歌，喜欢由着那些饱含情思的美丽诗句，带着她走进一个个意境幽深的世界，沉醉于那些曼妙无比的诗情画意里。这时，所有的劳累和烦恼全都烟消云散了，只有无法言说的幸福簇拥着自己……

她也写诗，虽然她的诗艺不高，还处在模仿阶段，不少作品清浅、简单，有的甚至近乎幼稚，但这丝毫没有影响她写诗的热情，她始终在坚持着。她说读诗是一种幸福的享受，写诗也是一种幸福的享受，她的诗虽然现在还没有多少读者，连同屋的小姐妹们也不大喜欢，但她自己很喜欢就足够了。她愿意写诗，为墙角那棵坚强的小草，为故乡的小河，为远方辛苦劳作的母亲，为城市喧闹的马路，为早起的清洁工，为那些行色匆匆的打工族……她说这些话时，脸上有一抹羞涩，还有一份认真，晶莹的双眸里蓄满的则是真诚和热忱……

她叫郝燕，在我执教的那所师范大学中文系的选修课上，我偶然地认识了她。在将她的故事动情地讲给我的学生们听时，我感慨道："在这样一个物欲滚滚的时代，一个还在为温饱打拼的女孩，依然怀揣一份诗意生活的情怀，坚持把每一个简单的日子都过得有滋有味，这样的人生注定是富足的，也是令人羡慕的，因为她屏蔽了世间的许多嘈杂，不仅听到了花开的声音，她还看到了花的灵魂……"

是的，她看到了花的灵魂，相信我们也看到了，当我们在面对这样一位懂得诗意人生的女孩的时候。

## 沉浸在一片静美里

夏日的午后,走过街角那个修鞋的小摊,我没有看到一个顾客,只看见那位年近七旬的老人,正倚靠在一把竹椅上,微眯着眼睛,轻轻摇晃着头,伴着半导体收音机里面播放的京剧,很惬意地哼唱着,一板一眼地,仿佛一个京剧超级票友。

一曲唱罢,老人拿起那个装了茶水的大罐头瓶子,美美地喝了一大口茶,舒坦地长舒了一口气,又调了一个波段,津津有味地听起了现代评书,一会儿的工夫,便让自己陶醉于那书中的世界,全然没在意全天还没有一个顾客光临他的修鞋摊。

悠然的老人,真让人羡慕。走出很远了,我仍情不自禁地回转头来,朝老人那边望去。我知道,他退休后便摆了这个鞋摊,生意不好不坏。他就住在对面的小区里,他有一个智障的儿子,四十多岁了,还要靠他赚钱养活。可是,我从没见过他愁眉不展,倒是常见他乐呵呵的,有顾客光临如此,一个人也如此。

回到一楼的家中,我站到窗前,看到住顶楼的小黄老师,穿一件干净的短袖衫,正在小区的院子里,满脸慈爱地看着五岁的女儿,将他准备装修房子用的那堆沙子,用一个红色塑料小捅,一桶一桶地运到花坛边,饶有兴致地堆沙堡。女儿的脸红扑扑的,有亮晶晶的汗珠滚落,她胖乎乎的小手上去一抹,细细的沙子,便金粉一样粘在了脸上。他看见了,笑得更灿烂了,他似乎想起了自己童年,也凑到女儿跟前,与女儿一道玩起了沙子,就像当年与小朋友们在一起玩泥巴那样,脸上也沾上了沙子,父女俩相视而笑。

沙堡堆好了,女儿只欣赏了一小会儿,便推倒了,又在小黄的指导下,开始信心十足地堆房子。她手中挥舞着一把小铲,像一个聪明而勤快的建筑师,在忙忙碌碌中,享受着满怀的快乐。

一只翩翩的蝴蝶,忽然从身边飞过,将女儿的目光吸引过去。她追逐着蝴蝶,两条高高翘起的小辫,可爱地摇摆着。蝴蝶飞走了,她又对花坛里那些花朵产生了兴趣。小黄走过去,指点着那些花朵,一一地向女儿报着花名:芍药、月季、打碗花、蔻蓝、鸡冠花、扫帚梅……女儿崇拜地问父亲怎么认识那么多花啊。小黄笑着告诉她,都是自己在书上认识的,要想认识更多的花,就要好好读书。女儿似有所悟地说,她长大了也要读好多好多的书,也认识好多好多的花。小黄赞许地说:"好孩子,我相信你将来一定会好好读书,会做一个热爱生活的人。"

"什么才算是热爱生活的人呢?"女儿仰起笑脸问爸爸,眼睛里盈满了天真。

"热爱生活的人啊,就像你现在这样,对很多事情好奇,做事情投入,快快乐乐的,没有烦恼,也没有忧愁。"

"那就是一个幸福的人啊!"女儿的嘴里突然蹦出这么有意味的一句。

"对,对,就是做一个幸福的人。"小黄点头抚摩着女儿的头。明亮的阳光里,似乎也渗入了淡淡的花香。

望着阳光里的小黄老师和女儿那副旁若无人的投入,我的心里暖暖的,还有一缕缕的疼痛。我知道,小黄老师得了肝癌,医生说他的生命最多还能维持半年。可是,我从没有见到他悲伤过,更没听到他抱怨过。他跟我说过,他只想让自己沉浸幸福中,多留一些美好的记忆给妻子和女儿。

修鞋的老人和小黄老师，是我身边熟悉的两个人，也是令我十分敬佩的两个人。他们或是被生活的困顿缠绕，或是被宣告生命将提前谢幕，但他们没有愁容，没有抱怨，他们仍微笑着沉浸在一曲唱段和一节评书里，微笑着沉浸在一堆细沙、一朵小花里，那该是怎样的一种气度啊？唯有懂得从沧桑岁月中读出诗意的生命，才能如此满怀爱意地，以如花的笑靥，坦然地迎接人生的不幸。

　　请忧伤和哀愁走远，沉浸在一片静美里，我听到了花开的声音，看到了美好在绽开。

## 只想遇见你的人生

极偶然的一次阅读,你的那篇《阳光100》一下子便摄住了我的灵魂。于是,我开始特别留意报刊上你的名字,留意你那些明媚的文字。当我在一个午后进入你的博客时,我心头一惊:原来,你已出版了那么多的书,单单看着那些五颜六色的封面,和那些温暖的书名,就不禁心驰神往起来。

接下来,我买来你的书,放在案头、枕边,随手拿起,即便是只阅读那么两页,也会让心沉静下来。当然,我最喜欢的还是在夜深人静时,在橘黄的灯光下,一个人捧着一杯淡茶,慢慢地读你的那些美丽的文字,读着读着,仿佛你就站在了我的对面,与我促膝交谈。

透过那些饱含深情的文字,我似乎看到了儒雅的你,朴素的你,诗人的你,哲人的你……我知道了你的童年、少年的那些纯真的记忆,知道了你大学里那些诗情画意的往事,知道了你怎样从一个林区小镇,来到一座中等城市寻梦,尔后又到一所大学里教学。

是的,我不只是在阅读你的作品,我还在阅读你的生活经历,阅读你的精神风貌和思想感情。我在津津有味地阅读着你,尽管我们素昧平生,你根本不知晓我,但这并不妨碍我油然而生的对你的浓烈兴趣,和有些近乎偏执的热情。

有时，我会在你的一篇文章里迷失，分不清你写的究竟是别人的故事，还是我的故事。为何你写的是别人的感受，却与我的感受那么贴近？似乎你的一双慧眼，能一下子就看到了我隐秘的心思。我很惊讶，你怎么会观察得那么细致，你怎么会有那么多睿智的见解，那么复杂的问题，你只需要一两个简单的小故事，就阐释得那么清楚，什么叫"信手拈来"，什么叫"举重若轻"，在你那里，这些词语才真正地自然、鲜活、灵动。

时常地，我呆呆地坐在桌前，思绪顺着你笔下的某一个情节或者一句话，很随意地蔓延开来，蓬蓬勃勃，无拘无束。我猜想，你是在什么时候，怀着怎样的心情，在为谁写下那些情意绵绵的文字？要知道，这是一个浮躁、喧嚣、急功近利的时代，已经很少有人能够心静如水地坐下来，慢慢地用细腻的文字，浸润日渐粗糙的情感了。而你，似乎一直就这样做着，无论在那些忍受大量的无奈的日子里，还是柳暗花明的日子里，你的心中也曾有过阴郁，我却没有发现你抱怨过什么，好像那些不如意是早就预料到了，就像春天的一场雨、冬日的一阵雪，是再寻常不过了，只需静静地欣赏好了。

我真的很佩服你，佩服你那样款款地走着，像风记得每一朵花的香，你记得生命中点点滴滴的美。街角的那位修鞋的老人很幸福，可以向你畅快地吹牛；走街串巷收废品的那位江南女子很幸福，可以从你这里免费获得很多报纸杂志，那是孩子最喜欢的课外读物；在公园里舞蹈的那位癌症患者很幸福，可以和你聊家常一样随便地聊聊关于生与死的感悟；那位爱情失意的女研究生很幸福，她在生命最绝望的时刻，幸运地得到了你茅塞顿开的点拨……哦，你的文章，就写在你的举手投足间，写在你的喜怒哀乐里。

那天，哈尔滨正举办全国图书展销会。我恰好出差到那里，看看时间充裕，便拉上当地的一位朋友，一同逛书展。

偌大的展览大厅里，简直成了书籍的海洋，琳琅满目，令人目不暇接。我刚刚走了不到十分钟，就撞见了你的新书。没有片刻的迟疑，我立刻买了两本，一本送给朋友。

朋友惊讶地：“你连翻看一下都没有，就断定这书值得买？”

我果断地：“你看过就知道了，不仅值得阅读，还值得收藏。”

见朋友将信将疑，我心里有一种说不出的得意，不想跟她费口舌，只想让事实告诉她，我说的肯定没错。

忽然，看到前面的一个展位前，聚拢了好大的一群人，每个人手里都拿着书。再往前走几步，一条横幅揭晓了答案：是签名售书，作者竟是你。

怎么也不会想到，我竟在这里邂逅了你。十步之外，我陡然止步，望着英俊洒脱的你，正微笑着为排着长队的读者签名题词，我竟有恍然如梦的感觉。

朋友拉着我的手，要过去找你为我们手里的书签名。我却转身，执意离开。

朋友大惑：“他不是你崇拜的作家么？为什么不上前认识一下？”

"是的，我早就在书里面认识他了。"我清醒得有些自负。

"认识一下他，告诉他，你是他的忠实粉丝，不好吗？"朋友依然不依不饶地。

"我从来没有想过要遇见他，只想遇见他的人生。"我一语坚定。

"遇见他的人生？"

没错，我那么喜爱你的文字，只是想遇见你的人生，看你怎样思考，怎样选择，怎样行走，看到有关你的那些生动的情节，怎样一点点地影响我的人生……这些，就足够了。

后来，还有很多次，我们有相识的机会，但我都执意地选择了错过。因为，我只想遇见你的人生。

## 心灵的皱纹不必抚平

那年,我去湘西旅游。在一个小村里,我看见一位面目安详的老人,坐在一棵老槐树下,微眯着眼睛在打盹。不远处,有两只鸭子正悠然地踱着方步。

我走到老人跟前时,他睁开眼,很随意地问了一句:"年轻人,从哪里来啊?"

我告诉他:"我来自黑龙江的漠河,一个非常遥远的地方。"

没想到,他竟一语平淡道:"那是一个不错的地方,我年轻时去过那里。"

我愕然,瞧他那一副足不出户的神态,谁能想象到他曾去过数千里以外的东北?

老人平静地告诉我:"年轻的时候,心思总是被外面的世界牵引着,梦想着走遍祖国的山山水水,兜里面没有钱,就逃票、搭便车,不辞千辛万苦,去过一些个地方。现在老了,待在家里,忽然发现自己生活的这个小山村,也有不错的风景。"

"人老了,您的心态还很年轻啊。"我想安慰老人。

"脸上有皱纹了,心上也有皱纹了,不能再年轻了。"老人的回答大大出乎我的意料。

"有年轻的心态就好。"我读过一些让人保持年轻心态的书籍。

"年轻的心态就一定好吗?老年人就该有老年人的心态,就像这棵老槐树,你能一眼看到它的沧桑,我能感觉到它满怀的沧桑。"老人的瞳仁有些混浊,目光里却透着岁月一样的深邃。

"是啊,老人就应该有老人的心态,为何非要保持年轻的心态呢?"我想起奥地利作家托马斯·贝雷·阿尔德里奇的名言:"抚平心灵皱纹,便会青春永驻。"我不由得质疑这句一向喜欢的名言:难道青春永驻就是好的?

没错,每个人都熬不过无限的岁月,都会在心灵上刻下岁月的印痕,那些深深浅浅的皱纹,生动地告诉我们曾经历过怎样的沧桑,不同的年龄里,应该有不同的心态,就像树轮,每一圈都大小不一,形状各异,为何偏偏要执拗地青春永驻呢?

记得那一次理发时,我旁边坐着一位精神矍铄的老者。一个年轻的小姑娘一边细心地为老者理发,一边建议他把斑白的鬓角染一染,说那样他会显得更年轻一些。

老者立刻回答道:"不染,不染,坚决不染。到了我这个年纪了,头发应该白了,既然白了,就让它白好了。"

"难道您不喜欢变得更年轻一些?"小姑娘还不肯放弃。

"我年轻过了,喜欢过年轻;现在年老了,要喜欢上年老。"老者一副随遇而安的神态。

真好!知道自己老了,坦然地面对就是了。而一味地渴望不老,希望青春永驻,无论是身体上的,还是心灵上的,其实都是有些不够成熟的表现。

细细想来,生命真的应该如此:顺应时光的安排,既然身体已经老了,心态随之老一点儿,又何妨呢?一个本已苍老的身躯,反倒非要逼着自己保持年轻的心态,那该是一件多么尴尬的事啊!

人生一世，该天真的时候天真，该青春的时候青春，该苍老的时候苍老，感谢岁月馈赠的皱纹，留在身体上的皱纹，和留在心灵上的皱纹，都不必劳神劳力地去抚平，只需平静地接受，就像接受花开花落、云卷云舒一样，自然，洒脱。

## 第四辑
## 每一份好时光,都有迷人的好风景

世间走得匆匆的,往往是最好的时光。真正聪慧的人,一定会好好地珍惜当下,善待每一个失不再来的今天,让自己每一天都能欣赏到好风景,让属于自己的好时光再多一些,让爱照耀的生活变得更加精彩。

# 那些动人的风雅

在荷兰首都阿姆斯特丹的一个街角,我见过一位特别的艺人:他年轻,个子细高,西装革履,扎一条红色领带,皮鞋擦得锃亮。他身旁放着一只漂亮的长笛,却从未见他吹奏过一次。他端坐在阳光里,轻轻吹着一支耳熟的乡村口哨曲,一双灵巧的手,三下两下,便用麦秸编出一只形态有点儿夸张的蚂蚱。最让我惊讶的是,每编好一只蚂蚱,他都会给它起一个非常亲切的名字,仿佛它们都是自己心爱的孩子。

我将目睹的那一幕风雅,讲给一位大学的同事,他说:"在欧洲,我也经常会被一些风雅感动。"

同事在法兰克福大学讲学期间,结识了一位高龄的学生,71岁的她,是从保洁员的岗位上退休的。同事很惊讶,她居然走进他的课堂,饶有兴趣地听他讲中国古典文化,还认真地做笔记。课间,她问了他一连串问题,像一个喜欢刨根问底的小学生,对他讲的内容,她孜孜以求,似乎很多问题都想一探究竟。

同事耐心地一一解答了她的问题。她从兜里掏出一朵鲜艳的蔷薇花,送给同事:"谢谢您,我从您生动的讲述里,闻到了淡淡的花香。"

瞬间,一股特别的感动,拥抱了同事。他讲了那么多年的课,第一次惊喜地听到有人说,从他的课里闻到了花的芳香。

与同事毗邻而居的布朗教授，是一位著名的化学家，也是一个心地特别善良的老头。

有一天，一个七八岁左右的小男孩，抱着一个金鱼缸，来向他求援：不知道什么原因，那三条金鱼突然打蔫了，好像生病了，不进食，也不愿意游动，一副可怜兮兮的样子。

布朗教授仔细观察了好半天，似乎也没能找到真正的原因。于是，他开始为鱼缸换了清水，又补了氧气，还拿来了金鱼最爱吃的食物，结果却依旧如故。

小男孩的眼睛流露出明显的失望："难道它们真的要死了吗？"

"也许它们只是累了，想换一个地方长长地睡一大觉，让它们在我这里休息一天，好吗？"布朗教授抚摸着小男孩的头，柔声地提了这个建议。

小男孩很信任地放下了鱼缸，转身回家了。

第二天，小男孩早早地来敲布朗教授的门。他欢喜地看到，三条金鱼正在鱼缸里活泼地游来游去。好像一觉醒来，它们又精神抖擞了。

小男孩开心地说："我跟妈妈说过，它们不会死的，我真的说对了。"

"孩子，你说得很对。"布朗教授面带微笑。其实，他第一眼就看出来了，那三条金鱼感染了一种很厉害的疾病，已无法治疗。但他没有说明，还煞有介事地那样忙碌一番，只是不想让小男孩伤心。他留下鱼缸，到市场偷偷换了三条一模一样大小的金鱼。

更让同事感到意外的，是布朗教授将那三条病死的金鱼，埋到校园里的一棵樱桃树下后，双手合于胸前，口中念念有词，为它们默默祷告了一番，才起身去实验室。

布朗教授对小男孩的悉心抚慰，对金鱼生命的尊重，在细微之处，展示的正是知识分子的一种令人肃然起敬的风雅。

还是在荷兰，两个从打谷场归来的农民，踏着夕阳，在秋日柔软的田埂上，慢悠悠地走着。一个拍着另一个的肩膀："兄弟，我们先去喝一杯咖啡，然后，我们坐火车去城里，欣赏一下那里的月光。"

　　劳碌后的农夫，喝一杯咖啡，已是十分风雅的事了，竟然还要搭乘火车，去城里欣赏一下别有风味的月色，更是令人惊叹的风雅啊。

　　没错，谁都可以活得风雅一些，都可以展示自己与众不同的风雅。风雅，也从来都不与年龄、身份、职业、教养等密切相关，而是与人的精神世界息息相通。一个人的风雅，正是其心灵纯净、境界脱俗的生动写照。有风雅润泽的生活，会多一份情致，多一份令人舒心的美好。而许多人的风雅，汇聚在一起，则能折射出一个民族、一个地域、一个时代特有的文化风貌和情趣。

## 请你读懂一朵花

有一次,去草原参加某杂志社举办的笔会。文友们大都很年轻,一进草原,便欢呼雀跃着骑马去了。那天,我身体不舒服,便找了一块石头坐下来,看着众人纵马远行。

忽然,我看到不远处的草地上,蹲着一个红衣女子,正全神贯注地看着什么。我慢慢走到她跟前,在她身后站了好几分钟了,她都没有注意到我。

我问写得一手锦绣文章的她:"是什么东西,让你这么痴迷?"

她一愣,轻声告诉我:"是一朵小花,蓝色的,不知它的名字。"

"就为一朵无名的小花,你蹲在这里这么长时间?"我有些惊讶。

"是啊,我好像读懂了它的心事。"她语气里透着一缕欢欣。

"读懂了一朵花的心事?"我不禁敬佩她的敏感和睿智。

"是的,我在看着它,它也在看我,我懂得它的心事,相信它也懂我的心事。"她一语平淡里,透着坚定的自信。

蓝天白云下的大草原,辽阔无际,那么多的风景,引人入胜。她却偏偏迷恋上了一朵毫不起眼的小花,就像童话里的一个公主,莫名其妙地恋上了那个似乎一无所有的穷小子。

"你怎么会痴迷于一朵无用的小花?"我还是有些困惑。

"谁说这朵小花无用？和它温柔地对视，我感受到了大地的恩宠，看到了生命的孤独、坚韧和顽强，联想到了许多人的经历，获得了许多平素没有的感悟……"她立刻反驳我。

"原来，这一朵不起眼的小花，还有这么大的用处。"我从她的话中，也突然得到了某些新奇的颖悟。

从此，每当我感觉孤独和落寞的时候，我总会想起那个聚精会神地赏花的作者，想起她的赠言："请你读懂一朵花！"

这时，我的胸中似有清风徐徐，似有花香缕缕；原来，世间许多与自己看似不相关的事物，其实都与自己密切相关。俯下身，细细打量，慢慢品味，就会发现彼此竟可以心有灵犀，可以脉脉含情，还可以侃侃而谈。

一位种了 50 年庄稼的老农，曾饱含深情地告诉我："其实，每一颗种子都讲义气，每一株庄稼都重感情。"所以，深秋时节，他喜欢一个人坐在收割后的田埂上，默默地望着开始休憩的土地，任绵绵思绪，顺着那些放倒的秸秆，恣意地向四处漫溢，直到很远很远。

我认为这位老农是一位十分优秀的诗人，因为他心细如丝，善于静观默察，懂得土地的心思，明白庄稼的感情。我相信他的心柔软而温暖，相信他的劳作一定是欢愉的，他的收获也一定是丰盈的。

那天，我在课堂上为学生朗读李琦的诗歌《大雪洁白》，当读到"大雪洁白/洁白得让人心生难过/这雪花一朵紧跟一朵/就像冬天张口说话了/一句一句/轻到最轻/竟然是重"，教室内静寂无声，仿佛一朵朵洁白的雪花，正在眼前飘舞着。那一刻，我的眼睛是湿润的，我看到许多同学的眸子里，也闪动着晶莹的光亮。

是的，我们和诗人李琦一同读懂了那些人世间最柔美的花朵，知道了那些轻盈飘落的花朵，有着怎样神奇无比的力量，叫人不由自主地心生敬意。

## 慢慢地走上峰顶

纷纷扬扬的大雪接连下了一周,厚厚的积雪掩埋了通向山顶的道路。

住在山脚下宾馆里的他,望着窗外乌蒙蒙的天空,焦躁不安地在大厅里走来走去,心里暗暗地抱怨着天公不作美,让他这一次登顶的计划不知又要推延多久。要知道,他已经登上了好几座著名的高峰了,眼前这座高峰或许是他最近几年里最大的目标了。

"年轻人,为什么不好好地欣赏欣赏眼前的美景呢?"一位老者走到他的身旁。

"我的目标是登上峰顶,而不是在这里看什么风景。"他不以为然道。

"登上峰顶又为什么?"老人慢条斯理地问道。

"享受登顶的快乐呗。"他不想向老人讲述那份特有的幸福,就像垂钓者看到鱼漂晃动时一样,那是言语所无法形容的。

"那为什么不好好地品味品味慢慢走上顶峰的快乐呢?"老人依然不紧不慢。

"慢慢地走上顶峰怎么会有快乐?"年轻气盛的他恨不得一步跨出两步的距离。

"有快乐的,小伙子,我年轻的时候也跟你一样,以为快速地完成自己想做的事情,就证明是有本领,认为是最开心的成功。后来,我才知道——慢慢地成功,有时也是一种幸福,甚至是一种更大的幸福。"老人接了一个电话,向他挥挥手,慢慢地朝宾馆外面走去。

一个服务生走过来,向站在那儿正回味老人刚才那番话的他,说出了一个让他有些不敢置信的名字。没错,那位老人就是当今蜚声国际画坛的著名画家,他的一幅油画刚刚在法国拍出 600 万欧元的天价。

"你知道吗?他是一个天生的色盲。"服务生轻轻的一语,响雷般地震住了他。

"绝对不可能!他的绘画一向是以色彩绚丽著称的啊。"他无法相信服务生的话。

"这是真的,你看看他给我的签名和留言。"服务生拿出一个签名本,他看到了那个曾在画册上见到的个性十足的签名,还有签名上面的一句赠言——慢慢地走向成功。

"这就是他成功的秘诀。他 15 岁开始画画,55 岁才卖出自己的第一幅画。当初,没有一个人看好他,都认为一个色盲是不会成为一个优秀的画家的。可是,他相信慢慢地走向成功,更喜欢在走向成功的路上欣赏那些别人忽略的风景……"服务生一脸崇拜地向他讲述老人的轶事。

"你怎么知道这些?"他还是有些疑惑。

"因为他跟我爷爷是邻居,我爷爷是一个聋子,可他的二胡拉得远近闻名,他们都懂得一点一点地去做事,日积月累,慢慢地,就走向了辉煌。更重要的是,他们似乎并不看重我们敬慕的结果,而是对一路走来所经历的风风雨雨,有着一份特别的感情,因为有一份热情的投入,有一份认真的沉浸,更有一份从容的品味,那些过往的日子才变得特别地有意思,特别地耐人咀嚼。"受了熏陶的服务生,话语中也多了一些人生感悟。

哦,这些年来,自己忙忙碌碌地赶路,急切地一次次地向顶峰奋力攀缘,却忘了留心欣赏山脚下和沿途的那些美丽的风景……陡然,他醒醍灌顶般地明白了老人刚才那句"慢慢地成功,也是一种幸福"的深邃内涵。

再次将目光投向窗外悠悠的雪花,他心轻如燕,有诗意如茶,酽酽地,簇拥而来。

## 行走,只为心灵的召唤

在通往呼伦贝尔大草原的一条公路上,他独自一人风尘仆仆的背影格外引人注目。

他的父母都是黑龙江省一个边陲小镇上的教师,他们曾在心底悄悄地设想过他未来的种种人生蓝图,就是没有想到,他从北京大学一毕业,便一个人背着简单的行囊上路了。他要做一个徒步旅行者,计划先徒步走完整个中国的版图,再穿越世界五大洲。

此时,他的那些被人们视为精英的同学们,要么在国内外的名校里继续深造,要么进入官场、商场,要么自立门户、自主创业,每个人都踌躇满志,都在以各种方式向世人展示自己非凡的抱负和业绩。唯有一向品学兼优的他,在人们的困惑的目光里,选择了一个人孤独而执着地行走。

盛夏,穿行于大兴安岭茂密的山林间,他的脸被一种毒蚊子叮咬,肿得骇人,半个多月了,还在流脓水。而在深秋的一个夜晚,在辽北的一片空寂的荒原上,他遭遇了4头野狼的尾追,幸好后来碰上了两位赶路的农民。而突如其来的风雨,狂烈的沙尘暴,酷热的阳光,泥泞的山路,凶险莫测的沼泽,不时遇到的蛇虫,经常在前不着村、后不着店的野外露宿……无法想象的各种艰难一直伴随着他的行程。可是,他丝毫没有后悔自己的选择，他坚定的步履一直向前，向前，向前……

　　他用手中的笔向人们描述沿途看到的迷人景象：一株屹立的千年的老榆树，躯干上有一个可以容纳三个人睡觉的大洞；用五大连池黑黑的火山泥一遍遍揉搓，竟让一位年近六旬的老者生出了黑发；在乌苏里江边，他听到了赫哲族人最纯正的歌谣；在一片盐碱地里，他从一群羸弱的绵羊眼睛里看到泪水似的东西在滚动；还有那在厚厚积雪下面仍然开放的无名小花，还有大山深处唯一一户人家大门上贴的极有文采的对联，还有废弃的破砖窑里的教室里传出来的琅琅书声，还有霓虹灯闪烁的城市深夜里一群说说笑笑的建筑工人……

　　那么多新奇的风景，那么多忙碌或悠然的身影，那么多迥然不同的生活，那么多走向各异的人生。一路走来，令他眼花缭乱，应接不暇。

　　他不只是一个行色匆匆的看客。有时，他会在某一个地方短暂地停留一下，会细细地观察和探访某些扣动他心灵的景、事、物、人，或许因一条河，或许因一个剪纸艺人，或许因一个新闻事件，他的好奇和热情，让他一次次地看到了事物的更为深刻、更为隐秘的一面。但他本人拒绝成为新闻人物，也不愿被人看作"另类"。他说，他的行走，不过是一种生活方式而已，没有什么值得奇怪的。

　　他的皮肤被晒得黝黑发亮，一张脸消瘦得已没了昔日英俊的模样，常常蓬头垢面，衣服上总是散着浓浓的汗味。衣、食、住、行的各种开销，都被简单到了极点。

　　与他邂逅，是在夏日牛哞声声的乡间小路上。他穿着磨得发亮的牛仔服，戴一副有点儿夸张的太阳镜，头上扣一顶麦秸编织的草帽，身上是一个鼓鼓的帆布背包，十足的一个美国西部牛仔的样子。

　　"是什么让你如此痴迷于行走？"我很敬佩他的选择。

　　"因为心灵的召唤。"他的回答干脆而简洁。

　　"你肯定有过疲惫，有过寂寞，你有没有想过要放弃？"我继续追问。

"没有想过放弃，因为我的生命就在路上，行走，只是回应心灵的召唤。"他深邃的目光，一如广袤的蓝天。

这是一个诱惑多多的时代，是一个人们热衷于追逐利益和名声的时代，是喜欢复制他人生活方式的时代，已经很少有人能够像他那样静静地倾听心灵的召唤，能够像他那样选择自己的生命方式。

当然，我无意于批评他人的生活路径，也不想向人们推举他的选择。我只是想说：我们每个人都在路上，都在行走着，但别忘了一定要选好自己的方向，一定要选准自己的道路，走出自己生命的精彩。而最最重要的是，一定要倾听自己心灵的召唤，千万不要在茫茫的人海和纵横交错的路网中，迷失了自我。

行走，只为心灵的召唤。多么简单，又多么地艰难。仅仅是想一想还不够，还需要真真切切的行动。

## 淡定真好

喜欢那个简单无奇的词语——淡定。只那么轻轻地一读，便有一缕清芬扑面而来，便有一份不事雕琢的朴素簇拥身旁。哦，淡定真好，淡定就是花蕊间的一滴自然凝结的露珠，是山谷中兀自奔流的一脉小溪，是崖壁上的一株悠然的小草，是浩瀚苍穹里的一颗闪烁超然的星子……从容如花开花落，自在若云卷云舒。

与淡定邂逅，是在年味越来越浓的岁末时分，回到阔别许久的故乡，与儿时的伙伴坐拥一炉炭火，一壶酽茶，敞开幽闭已久的心扉，将悠悠走远的时光重新拉回眼前，于苦涩中品出香甜，于平实中嚼出深刻。

与淡定相握，是在关闭了手机的纷扰、屏蔽了电视的嘈杂、躲开了网络的炫目以后，在一袭柔和的灯光下，有些自恋地捧起那本平素难得一读的诗集，让那些长短错落的诗句，温柔地拂过依然纯真充盈的心田。

一位喜欢登山的朋友告诉我：他最幸福的时刻，不在登上顶峰的瞬间，而是在半途休息时，气定神闲地望着山脚下那模糊的村庄和那袅袅的炊烟，想着陪自己一路行走的那些美丽的风景，那种实在妙不可言的感觉……

街角的那位修鞋的老者，似乎根本不在意顾客一直都是稀稀落落的。每每走过他的小鞋摊，总见他捧一本厚厚的武侠小说，那副淡然自若的沉浸，简直就像一个身怀绝技而超脱世外的武林高手。

行走红尘间，我曾一度疏远了淡定，年轻气盛的自己似乎总在试图向别人证明什么，常常无端地盲从和急躁。一份工作做了没多久，便失去了耐心，这山望着那山高地频频跳槽；一个突如其来的念头，就可以打乱自己原有的计划，草草地行动，但大多是浅尝辄止地半途而废；似乎有很多的梦想，似乎自己有多方面的才干，去帮人搞策划，去琢磨开公司，去炒股票，去想方设法进入影视剧写作的圈子……整天忙忙碌碌，结果却只赚得一身的疲惫和无数的失落。

不久前，我去外地出差，遇到了一位十几年未曾谋面的大学同窗好友。在那家高层酒楼挑选了一个清静角落，我们两个人慢慢地对酌。

早就听说好友大学一毕业，便去了南方，数年的打拼后，已拥有数千万的资产。

见好友西装革履，神清气爽，便不无羡慕地问他：最近又发财了？

好友莞尔：最近没有发财，但破财了。

我不以为然地轻描淡写道：那也肯定是小小的意外，损失一定不严重。

好友轻轻地啜了一口酒，淡淡道：损失不小，五千万的投资全都打了水漂。

五千万？我惊愕得失声大叫，手里的杯子几乎跌落在地，满脸的难以置信。

好友依然轻松地微笑着，仿佛在说着别人的事情：没错，一下子砸进去了五千万元，因为一次风险估计不足的错误投资。

那你还有多少家底啊？我从好友的脸上竟没有看到一丝的沮丧，他那份处变不惊的淡定，让我立刻想到了那个熟悉的词语——从容不迫。

好友爽朗地笑了：我的家底还很丰厚啊，除了一千多万的外债，是压力也是动力，我还有健康的身体，幸福的家庭，东山再起的信心，不少可以捕捉的机遇……

真佩服你这位真正的男子汉！我满怀敬重地向好友举了酒杯。

好友依旧语气淡淡的：其实也没什么，经历了这么多年的商海起起伏伏，我只是学会了看淡很多东西，包括成功和失败。

我由衷地点头：你现在就很成功，就凭你这份淡定若山的心态。

好友无言地默许了。他的目光投向窗外熙熙攘攘的车流，脸上写满了刚毅和自信。那一刻，我知晓了淡定若山的神奇与可贵。

与好友相逢后，我一下子变了许多，很多原来认为多么重要多么需要去争的事情，忽然觉得根本不值得去浪费时间和精力；突然发现原来许多放不下的诱惑，与自己根本没有多大的关系。由此，知道了自己的位置、该努力的方向，懂得了脚踏实地，懂得看淡利害与得失。

再听到身边有人抱怨这个不公平、那个不合理，也不再去大声地辩解或附和，心里话：一切都很正常，不过是谁去看，从哪个角度看，关乎谁的利益而已。

再不会去斤斤计较一份工作自己多做了多少，不会在意一堆好事自己少摊了几件。心轻上天堂，连芬芳的梦里都多了好些山清水秀的内容。

哦，淡定真好！

淡定的老翁，将一脸的平和交给了夏日浓浓的榆荫；淡定的学者，将一怀的情思交给了静静的书斋；淡定的农夫，将一份丰收的喜悦看成是老天对自己勤劳的奖赏；淡定的水果摊主，用小刀剜掉苹果上溃烂的部分慢慢享受一份别样的香甜……

淡定真好。带着一份淡定，漫步在晨曦中，会感受阳光一点点地温暖胸前背后；带一份淡定，仰首星空，会感受浩瀚正一点点地扩展着心境。那样的时刻多美啊，淡定，淡定，我听到了世界最美妙的声音，正缓缓地流过心灵。

# 只管向前奔跑

贝基拉出生在埃塞俄比亚的一个贫苦的家庭,很小的时候,他就渴望成为一名驰骋赛场的长跑健将。他时常站在训练场边,羡慕地看运动员们的训练。但极度贫寒的家境,让他自卑得有些羞愧——他不仅拿不出训练费,连最便宜的普通跑鞋也买不起。

那天,贝基拉不知不觉地又走到训练场边,望着跑道上那些奔跑的身影,他既羡慕又难过,心头奔跑的热望刚一亮起来,很快又黯淡下去。

一位跨栏教练员听了贝基拉心中的苦恼,将他带到一组很矮的栏杆前,让他一路跑过去,他轻松地跨越一个个栏杆;教练员又指了指那组已升高到足有一米五的栏杆前让他再试一试,他努力了好几次,也没能跨过去。

这时,教练员平静地告诉他:"孩子,你刚才所说的那些困难,就像眼前的这一道道栏杆,它们会横在每个人的面前,那些你现在跨不过去的栏杆,可以在一次次的失败后,最终跨越它们,你还可以踢翻它们,也可以绕过它们,你只需盯准你向往的前方,只管努力地向前奔跑,相信没有什么可以拦住你的梦想。"

教练员的一席话重新点燃了贝基拉的信心,从此,买不起跑鞋的贝基拉开始了他坚定而执着的赤脚奔跑训练,广袤的原野、泥泞的山路、坚硬的戈壁滩上……随处可见他奔跑的身影,他已练出了一双铁脚板。数年后,他成为埃塞俄比亚著名的马拉松运动员。

在1960年罗马奥运会马拉松赛场上,贝基拉一出现,便引起人们的关注,因为他是唯一赤脚的运动员。在数万名现场观众热烈的掌声中,贝基拉为他的祖国赢得了一块沉甸甸的金牌。

1964年的东京奥运会的开幕前二十多天,贝基拉动了一次手术,很多人以为他这次一定会放弃比赛。然而,32岁的他不仅出现在马拉松赛场上,而且再夺金牌,成为奥运史上第一个蝉联这个项目冠军的选手,也成为埃塞俄比亚的民族英雄。

面对记者蜂拥而至的话筒,贝基拉激动地感慨道:"一切都很简单,只要站到跑道上,就没有什么障碍可以拦住奔跑的雄心,我就只管向前,再向前,一路向前地奔赴梦想的终点。"

没错,大千世界中的我们每个人面前,都可能会横着一些诸如清贫、病魔、磨难之类的障碍,只要不失去向前奔跑的雄心,就会勇敢地、智慧地跨越它们,踢翻它们,绕过它们,就会抵达梦想的前方。

本文入选南充市中考语文试卷

## 把好风景装在心里

初秋时节,我参加了一个"欧洲六国半月游"的旅行团,从哈尔滨出发,到北京转国际航班。在候机的间隙,几乎每个游客都不约而同地掏出各种型号的照相机和录像机,对准自己看好的风景,一通狂摄。

飞机在维也纳刚一落地,几位性急的游客,便亮出相机,咔嚓咔嚓地往里面装风景。

导游笑着说:"先别着急拍照,有的是好风景,有的是时间。"

然而,导游的提醒,似乎根本没人听到,又有不少游客也加入了拍照的行列,我也不甘落后地拿出新买的单反机,把看着新奇的景象一一收进。于是,大家仿佛一下子都成了摄影师,对着异国的建筑、街道、花草树木、行人……悉数拍照,一个不落。

走到著名的维也纳金色大厅前,早已没人听导游的讲解了,大家四散开来,纷纷找寻最佳位置,调整最佳角度,端起手里的"长枪短炮",冲着那些风景,开始狂轰滥炸般地拍摄。当然,大家也相互合作,每个人都摆出各种姿势,面含笑容,让自己站在形形色色的风景中央,定格自己的身影。

不到半天,好几个人的相机电池便没电了,眼瞅着身边还有许多好风景,收不进来了,他们脸上露出明显的遗憾和沮丧,那些电池准备充足的，则继续热情不减地疯狂拍摄，一副要把维也纳的风景全都带回家的架势。

忽然，我惊讶地看到一位中年男子，两手空空，好像没带相机，他跟在导游身边，与导游并肩而行，一边欣赏沿途的风景，一边饶有兴致地聊着一些问题。

我走过去，热情地要给他拍两张照片，他微笑着道了一声"谢谢"，然后坦言："我不喜欢拍照，只喜欢看风景。"

"出国旅游也不带相机？"我觉得有些不可思议。

"现在无论到哪里旅游，我都不带相机。"他一脸的淡然。

"为什么？难道没有值得你收藏的风景？"我更惊诧了。

"不，值得收藏的风景很多，但我不会把风景装在相机里，而是要把风景装在心里。"他语气平静。

"把风景装在心里。"我轻轻地重复了一句，似有什么东西撩拨了自己的心。

没错，我们这些游客，欣欣然来到异国他乡观光游览，本是要欣赏美景，开阔视野，增长见识，愉悦心情，结果却乐此不疲地忙于拍照，全然忘了好好欣赏迎面而来的风景。

于是，在巴黎游览塞纳河时，我没有拍一张照片，而是像那位不带相机的中年人一样，站在游船上，让目光慢慢掠过两岸的风光，向每一道风景致意，惊讶地慨叹，欣喜地鼓掌，思绪不时地被牵回到某一段历史，或引入某一个记忆，或浮想联翩……

蓦然，我感觉许多栩栩如生的风景，正在我心灵的大幕上徐徐移动，一种说不出的欣悦，那样真实而美丽。

的确，即使是再高明的摄影师，若是忘记了欣赏，只是一味地拍摄，那么也不会留住最美的风景。因为唯有心的沉浸与灵动，才有魅力不减的风景。

## 踏着月光回家

那时候,父亲在四十里外的砖厂打工,砖厂每个月末会放假一天,那是父亲最盼望的日子,他会在放假前一天晚上,换上母亲做的千层底的布鞋,翻山越岭地往家里赶。

父亲回家的路很难走,有沟壑,有小溪,有独木小桥,有时干脆就是荒草丛生的小径,有时则是乱石林立,若是赶上了雨季,天黑,路滑,风硬,稍不小心,便会跌倒,弄得一身狼狈。然而,不管天气如何,父亲总会雷打不动地回家。因为一家子的人都在期盼着他,他回来了,家里便有了节日的气氛。

母亲会把好吃的东西留在父亲回来那天拿出来,慈眉善目地劝父亲多吃一点儿,父亲嘴上说着吃吃,却不停地把好吃的向我和弟弟妹妹面前推。一家人高高兴兴地聚在一起,听父亲讲完砖厂里的那些新鲜事,我和弟弟妹妹又抢着把自己的那一点点得意的好事,比赛着讲给父亲听。然后,接受兴奋的父亲慷慨的赞扬,再接过他从兜里掏出的那些花花绿绿的小礼物——有糖块、蜡笔、玻璃弹子、连环画册、羊拐等。那些给我们的童年和少年带来无数快乐的小礼物,一直让我难以忘怀,在远离父亲的那些日子里,每每想起那些小礼物,心里总有说不出的温暖,像秋天和煦的阳光。

饭后，母亲会端来一大盆热水，看着父亲极舒坦地泡脚，母亲心疼地问父亲："累吧？走那么远的夜路。"

父亲笑呵呵地说："不累，有明亮的月光一路陪着，还可以想想你和孩子们的模样，脚底就像生了风，很轻快。"

"其实，你可以两个月回来一次，家里的一切你都看到了，不用挂念的。"母亲轻轻地搓洗着父亲磨出大洞的袜子。

"我知道你挺能干的，孩子们也都懂事，可是，我还得回来看看，看看一家子人都好好的，我回去干活儿轻松。"父亲慢慢地挑开脚底的血泡。

"有时候，我就想砖厂放假的前一天晚上，要是都能赶上满月该多好，在亮堂堂的月光里往家里走，心里也会亮堂的。"母亲能够想象到父亲晚归的路，走得有多辛苦。

"不是满月也可以，有一点点的月光就行，还有那么多大大小小的星星呢，路上不会寂寞，也不会害怕的。"父亲很知足的样子，让我想起了小说家迟子建的那篇小说《踏着月光的行板》里的那位农民工，想起了许多和父亲很相像的陌生面容，他们都身处卑微的社会底层，却都有着令人羡慕的快乐。

其实，父亲完全可以搭乘那班循环的客车回家的，可他一直坚持步行回家，他说走路总比干活儿轻松多了，还可以呼吸山间乡野的新鲜空气，既锻炼了身体，还不用花钱。我知道，步行四十多里的坎坷路回家，可以省下两块钱的车票，那是他首先考虑到的，他可以用那钱给我们买一把糖块，买几个本几支笔，也可以给母亲买一把漂亮的木梳。

多年以后的一个冬天，我搭乘一辆顺路的运粮车回老家。离家还有二十多里远的路上，运粮车突然抛锚，司机修了半天也没修好。这时，天空洒落下皎洁的月光，照得已修整得很平坦的道路明晃晃的。没有犹豫，我背起很轻的行囊，决定体验一次父亲当年踏着月光回家的感觉。

起初,我的脚步还挺轻松的,可是没有走多久,在城市里习惯了以车代步的我,便有些气喘吁吁了。想当初,父亲的年龄比我现在还要大,他每天干的都是绝对的重体力活儿,难得一个月有一天的休息,他本可以躺在宿舍里美美地睡上一大觉,他却把一双脚交给了崎岖的山路,无论有无月光,他的方向只有一个——家。

当我一身疲惫地叩开家门时,父亲惊讶地嗔怪我:"怎么不提前打电话来?我让你弟弟开车接你啊,二十多里的路多远呢。"

"还好,有月光一路陪伴着,我又欣赏了一份久违的诗情画意。"我对父亲轻描淡写地说道,心里却在说——当年,父亲走那么远的路,可是从未说过远、说过累的,赶上雪雨天,他一身泥泞地回到家,还笑呵呵地说自己怎么唱着歌,怎么想起了当年红军爬雪山、过草地的情形,他心里是多么的温暖,脚下的路是多么地好走。

"看你,又给我买东西了,乱花钱。现在日子好了,我也什么都不缺。"父亲轻声责怪我,目光里流露出的却是对那个电动剃须刀的喜爱。

"我这次回来走得急,只买了这么一件小礼物。"父亲当年每次回家,都不会空手的,秋天的一次回家,他在朦胧的月光里去山上采了几串野葡萄,手上划了好几条明显的血痕,他却得意地说自己的眼睛很尖,远远地就看到了那个藏在荆棘丛中的葡萄架,并准确地判断出上面肯定还有葡萄。

"你有一份心意,就够了,有没有礼物都行。"父亲说着,拿出一个精心粘贴的剪报本,那上面是我发表的文章。我曾对父亲说过,编辑都给我寄过样刊样报,大多数文章也都选入了作品集,无须再劳心费神地去做剪报,他却一直欣然地做着。母亲说那是他喜欢做的事,谁都拦不住。

黄昏时分,我正站在窗前欣赏那盆开得茂盛的月季花,忽然听到父亲在跟两位邻居老人大声地炫耀:"我儿子给我买的电动剃须刀,用着特别舒服。这次,他还踏着月光走了二十多里路回家来,身体比上次回来健壮多了……"

我那无数次踏着月光回家的父亲,对儿子偶尔的一次回家、一件小小的礼物,竟如此地看重。刹那间,我的眼睛湿润了,我的思绪又飞回到三十多年前,飞回到了那些月光皎洁的夜晚,飞进了温馨与温暖的簇拥里面……

## 两毛钱的小费

那一年,家境极苦,他高中没念完,便进城打工了。

没学历、没技术、没特长的他,在民工如潮、力气最不值钱的城市里,只能干最脏、最累的活儿,只能默默地忍受着更多鄙夷甚至是欺辱的眼神,卑微地挣着极低的工钱。可以说,那时,他真切地品尝到了底层打工者的艰辛与酸楚。

在那个毫无生气的小饭店里,他一个人干几个人的活儿,还得整天提心吊胆看着老板的脸色,生怕哪里一时照顾不到,便要承受一顿劈头盖脸的责骂。好几次,他热血上涌,差点儿一走了之,但最后他还是忍住了,因为像他这样的人找一份工作太难了,而他的家庭又太需要他每月拿回去那300块钱的工资了。

春节前夕一个飘着雪花的晚上,店里来了一家三口人,从他们的衣着打扮和言谈举止中,他一下子就猜出他们是刚从外地来打工的。

两大碗煮得有点儿过头的面条,再加上几瓣干瘪的大蒜,他们竟吃得津津有味,像是吃着生猛海鲜。尤其是那个六七岁左右的小女孩,边吃边玩着他用拣来的糖纸给她折叠的小飞机,高兴得叔叔长、叔叔短地跟他攀谈不停。

难得有这样好的氛围,在三个陌生的顾客面前,他竟有了见到亲人般的感觉，抑郁多时的心情陡然好了许多。瞧着老板转身出去了，他便给他们加了一碟免费的小咸菜，换来他们一连串的"谢谢"。

闲聊中，得知他们刚刚从河南来，听说这里修鞋的河南人不少，年轻的夫妇俩也准备支一个修鞋摊。他们畅快地喝着他勤快地续上的白开水，脸上挂满了对未来自信的憧憬，仿佛他所讲的那些关于打工的种种艰难，根本没什么了不得的，在他们眼里似乎挣钱是件挺简单的事情，只要肯吃苦就行。他们还开导他好好干，先学好本领，以后自己出去也当老板。

老实说，以前他从未奢望过自己能当老板，只想着能舒心地打工就很知足了，但听了他们的话，他竟真的有些心动了。

送一家人出门时，那个小女孩突然像想起了什么似的，转身跑到他跟前，把两枚面值1角的硬币塞到他的手里："叔叔，这是我给你的小费，祝你新年快乐！"

他连忙推辞："叔叔不能要你的钱，快攒着过年买好吃的吧。"

"电视里面上饭店的顾客，都要给服务好的服务员小费的。叔叔，你的服务非常好，我应该给你小费，再说了，这是妈妈给我的压岁钱，我想怎么花都可以的。"小女孩仰起头来，两眼黑亮黑亮，脸上写满了可爱的认真。

"可是，我…我……"他眼角有些灼热，执意要把钱塞还给小女孩。

"拿着吧，小兄弟，那是孩子的一片心意。"女孩的父亲用力地握住了他的手，不容推辞地命令他接受这份无比珍贵的馈赠。

那一家人的身影早已在夜色中消失了，他还紧紧地攥着那两枚硬币，呆呆地伫立在北方深冬那纷纷扬扬的大雪中，心里翻涌着无法形容的温暖。

就是那冬夜里那小女孩纯净的亮眼睛，就是那久久温暖心扉的两毛钱的小费，让他恍然懂得了许多许多，尤其是他懂得了——无论怎样的一个人，无论其身处怎样的境地，都不应失去梦想，都应该学会自强。

数年后，像一个梦幻中的奇迹那样，他竟真的拥有了资产近百万元的公司，真的当上了大老板。虽然他再也没见到那位可爱的小女孩和她的父母，但每每看到珍藏的那两枚硬币，他都会无比清晰地回忆起那个冬夜里的那些动人的情景，都会在心底默默地说一声——谢谢，谢谢给我带来幸福的"天使"。

后来，他读到一部名字叫《天使在人间》的小说，不禁由衷地感慨——天使就在我们身边，我们每个人都可以成为带给自己和他人幸福的天使。

## 有些事情不去做，就是在行善

哈市有名的尚都小区要评选一位"最佳居民"，准备予以重奖。小区的居民们积极踊跃地参与评选活动，大家纷纷地推荐自己心目中的候选人，并热情地提出了许多评比建议，把持续一个多月的评选过程搞得热烈而隆重。

最终的结果出来了，当选首届小区"最佳居民"的是年近七旬的刘秀英老人。老人以无可争议的高票当选的理由是什么？居民们为什么会将选票投给一位始终普普通通的老人？闻讯赶来的晚报记者经过数日采访，也没有挖掘到老人特别突出的"业绩"，只是向人们展示了老人点点滴滴的琐屑小事，而那些小事在一些人眼里似乎根本算不了什么，说白了，老人也只不过是在生活中，没有去做某些事情而已，比如——

老人从来不在清洁工每天清扫小区之后，去抛弃垃圾袋。她总是赶在清洁工清理之前把垃圾袋系得好好的，放在小区的垃圾箱里，从来不放在楼道口或单元门口，免得污染了周围的空气。尽管有很多居民都习惯了那样做，清洁工们也习惯了那样挨家挨户地去收集垃圾。

老人从来不在小区的健身器材上晾晒衣物，虽然她就住在一楼，对着窗户就能看到很多人晾晒的花花绿绿的东西，可她宁愿多花一些时间，把衣物晾晒在自家那光照并不充裕的阳台上，也不去图自己一时的方便。

老人从来不愿意看到那些宠物狗在小区的草坪里便溺，她常常手里拿着方便袋在小区里面转悠，看到有宠物的排泄物就弯腰拾起，走很远一段路扔到公共厕所里面。不少牵着宠物遛跶的人，看到她的举动，渐渐地开始自觉地照看好自家的宝贝，不让它们给自己丢脸。

老人从来不浪费一度电、一粒米、一滴水，她多次自豪地向邻居们介绍自己节水秘方，讲自己怎样用一盆水淘米、洗菜、刷碗、冲马桶，每月的水费和电费都用到最节省的地步。不少人知道她节省得近乎"吝啬"，却很少知道她每年都要将省吃俭用节余的钱，捐给素不相识的贫困学生。

老人从来不随手扔废旧电子产品，她自己钉了一个小木箱，放在小区里一个方便的位置，收集各种废旧电池、充值卡和手机卡等，定期地将那些废旧电池送到专门的处理站，而那些至今仍没有找到最好去处的各类磁卡，仍存放在她狭窄的小屋里，她说自己先保管着，总有一天会给它们找到合适的地方的。

老人从来不与人计较得失利害，有时明明是她吃亏了，邻居们都看不过眼了，要替她打抱不平，她却常常摆摆手，微笑着息事宁人，很多便宜让别人占了，很多苦和难自己留下来独自咽下了，示人的总是一副与世无争的从容和大度。

老人从来不相信那些遍地飞舞的、煽情吹嘘的大大小小的广告，对于那些无孔不入的保健产品、药品推销和所谓的"健康讲座"之类，她不仅自己视而不见，还常常自觉地撕掉那些胡乱粘贴的一眼就能看出是骗人的"广告"。

老人从来不去抱怨什么，尽管她大半生坎坷无比，主要的经济收入就是政府每月发给的最低生活补助，可她整天乐呵呵的，总是心怀感激地跟人们说，赶上好时代了，有党和政府关心着，够吃够用了，应该知足了。

没错，刘秀英老人就是我们每个人生活中都会碰到的那样一位普普通通的居民，平凡得如一株毫不起眼的小草，简单得如一枚随处可见的石子，她一生都没有做过什么惊天动地的大事，甚至没有做过什么特别的事情。然而，就在她始终坚持不懈的那许许多多"从来不"中，我们会蓦然发现：在生活中，有很多的事情不去做，就是在行善，而能够一直坚持不去做某些事情，简直就是在行大善。

## 转身之美

他家住山东泰安,在北京读大学期间,结交了一位澳洲友人,两人热情相约有朝一日一同游览泰山。但直到十年后,他们才找到实现心愿的机会。彼时,两人都已过了而立之年。更令他意想不到的是,友人患了医生也束手无策的绝症,已生命无多。

两人第一次相伴登泰山,或许也将是今生最后一次了。他祈祷上苍能特别眷顾他们,赐予他们好天气,让他们一睹泰山日出的壮美景象。

偏偏天公不作美,他们刚来到泰山脚下,空中便飘起了雨丝,很快就变成了淅淅沥沥的小雨。他本来就有一点儿忧戚,面对阴沉沉不知何时会放晴的天空,心情更阴郁了。友人情绪却丝毫未受影响,笑呵呵地说:"我们也来一回雨中登泰山吧,我读过李健吾的《雨中登泰山》,相信那种感觉也一定是很美的。"

"好吧,等雨小一点儿,我们就出发。"他钦佩友人随遇而安的淡定。

等了两天,恼人的雨终于小了,他们沿着湿漉漉的山道,开始了渴望已久的攀缘。

许是阴雨连绵的缘故,登山的游人明显地少了许多,这并未妨碍他们的兴致。两人边说说笑笑,边欣赏着沿途的风景。不知不觉,就登上紧十八盘。两人停下来歇息了一会儿,正准备继续向顶峰冲刺,雨忽然大了起来,只得在附近找一个住处,暂住一宿。

谁知听了半夜的泰山秋雨,第二天雨虽小了一些,却仍未见停歇的迹象。他有些失望地抱怨着,友人却笑着说:"我们下山吧,这雨陪了我们一路,我们就乘兴而来乘兴而去,不亦乐乎?"

"就这么转身回去?"望一眼云雾缭绕的顶峰,他有些不甘。

"即使登上顶峰,估计也看不到日出。即便是能见到日出,那又如何?该转身时就转身,就像这人生,无须太偏执。"不知友人几时添了一份魏晋风度。

未曾如愿登顶,也有满怀的欣然,而无一丝的遗憾。异国朋友为他形象地诠释了"善于转身"的人生奥妙。

若不转身又会如何?

他是一位留美博士,从小学到大学,从国内到国外,学业一直名列前茅。归国后,进入一所著名的大学,依然勤奋异常,简直就像"拼命三郎",整日忙碌着课题的申请、研究、答辩、验收,他有开不完的学术会议,赶不完的各类学术论文约稿,还有本科生、研究生的课程,还有总也做不完的实验……忙,忙,忙,他的每一天几乎都被一个"忙"字占有了,加班加点到深夜,那是常有的事。他甚至忙到连吃饭,有时都成了一种负担,宿舍里堆满了方便面,他经常简单对付了事。

是的,他的学术成绩斐然,34岁便成为学院最年轻的教授,各种荣誉证书攒了一堆。然而,在父母眼里,他是一个十足的工作狂,连着几个春节都不回家,甚至连谈恋爱也挤不出时间。在朋友们看来,他志向高远,令人敬佩,但他的生活未免太单调,近乎枯燥了。

那天,他突然晕倒在实验室里。诊断结果冰冷得令人惊愕——他得了肝癌,是晚期,癌细胞已扩散。

其实,早在三年前,他便有过身体不适的症状,只是他根本没在意,甚至连学校组织的每年例行的体检,他一次也没参加,他不肯抽时间关照一下身体。

医生惋惜地说:"若是早一点儿发现,还有许多救治的机会和途径,但如今……"

英年将逝,眼看着白发人要送黑发人。他追悔莫及,原来总以为一心一意执着地追求,才是人生最重要的,却在不知不觉中失去了生活中许多更重要的东西,比如亲情、爱情、休闲、娱乐……

此时,他才恍然发觉,人生不能一味地向前,应该学会适时地转身,因为周围有那么多美丽的风景,值得自己去细细地欣赏。

临终前,他遗言:"假如有来生,我一定好好地谈一次恋爱,一定多陪陪父母,多一些业余爱好,多去看看外面的风景……"

转身,才有九曲十八弯的壮美,才有曲径通幽的曼妙。行走于爱情路上,懂得适时地转身,无疑是一种非常智慧的选择。金岳霖先生那毅然的转身,留下的是传世的爱情佳话;张爱玲那决然的转身,斩断的则是一段已然枯萎的情缘。

无论是悠然地转身下山,还是停步转身四望,每一次自然的转身,舒展的,或许正是生命的从容、淡定、洒脱、繁复……收获的,或许正是人生的轻松、惬意、飘逸、灵动……转身时的种种美好,常常让许多漂亮的词语黯然失色。

## 第五辑
## 老去的是光阴,年轻的是真爱

纵然有一天眼睛已经苍老,但珍藏在心底的那些诗意绵绵的爱,却仍是年轻的模样,依然神采奕奕。只要你愿意,不管你走出多远,你都会惊喜地看到,真爱经过的每一片土地上,都在不断地生长出你想要的东西。

# 凝望生命的绿草地

站在故乡低缓的山坡,那一片葱茏的绿色,再次摄住我的心魄。

那些肆意生长的青草编织出如锦的地毯,上面缀着些许无名的小花,红的,黄的,蓝的,白的……星星一样眨着调皮的眼睛,像是在向我讲述有关岁月不老的往事。

在我童年永不褪色的记忆里,那片向远方浩浩荡荡伸展的绿色汪洋,最适合描述的词语应该是"广袤"或者"一望无际"。而现在,采石场四周杂乱散布,草地已只剩小小一方。

忍不住俯下身去,我已沟壑纵横的手掌,再次轻轻地抚过那些柔柔的小草,记忆便悠悠地飘然而来。翩翩年少的我,曾经整日地奔跑于那片长满快乐的绿草地上,采花、逐蝶、听鸟鸣、编草帽、挖野菜……累了,便躺在那松软如毡的草海里,仰望蓝天飘动的白云,嗅着泥土的馨香,一任阳光泼泼地洒满周身,一任玫瑰色的梦幻在微风里轻轻地摇荡。

草地是温柔的,那么多年的异乡漂泊后,我只需在草地上静静地坐一会儿,就能抖落满身漂泊的疲惫。就像面对一位久已音讯断隔的老朋友,我们只需那样静静地对坐着,就仍能够从彼此不再年轻的眼睛里,读到时光不曾更改的那份情意。即使无言,相信那份洗却铅尘的真真的情愫,也会像那株蓝色的打碗花,自自然然地绽开。

草地是幸福的,年年岁岁,它总会放飞无数缤纷的憧憬,总会收获无数的悲欢离合。每一株小草、每一朵小花,都见证着世事沧桑。

草地是坚忍的,经历了那么多风吹雨打,那么多的犁耕火烧,很多的草根被掘出了,很多的生命已湮灭了,它依然无怨地守护着那个山坡,依然张扬着绿色的主旋律。

草地是诗歌的,在枯黄的季节里,有期盼的种子在悄悄地萌动,在葳蕤的日子里,有沉思的花朵在倾诉着生命的感悟。春风秋雨吹不散的韵脚,寒霜暴雪也压不乱的节奏,是云卷云舒的淡定和从容。

草地是散文的,随便的一缕风,随意的一声鸟鸣,甚至一只迅疾跑过的田鼠,都会为我打开跳跃的灵感,都会让我禁不住身心清爽地放飞思绪,沿着一个青翠的主题,恣意铺展满怀的情思。

而我最愿意做的一件事,还是默默地坐在那里,凝望那块绿草地。

我知道,生命中总有一些东西是永远无法割舍的,一个人无论走多远、走多久,他心灵的深处总有一方深情凝视的天地如影相随,总有一份特别的温润会在不经意间不约而至,瞬间便会引领蓬勃的思绪跨越人世的万水千山,便会沟通了古往今来。

凝望那块草地,我看到了大地的宽厚与慈爱。给每一粒种子以希望,给每一条根须以滋润,无论岁月馈赠的是贫瘠还是肥沃,干旱还是洪涝,很多似乎坚硬如岩的注定都是完全可以打破的,就像那些从来不肯低头的草,什么样的风霜雪雨都没法打败生长的信念,就像我们生活中那些屡遭磨难的人们,他们的骨子里拒绝靠近"倒下""退缩""沉沦"这类的东西。

凝望那块草地,我听见了岁月徐徐吹送的感慨:谁能够真正地了解一株小草的心事呢?谁又能够真正地参透大地那些无声的箴言呢?谁没有过青春葱茏的时光呢?谁没有梦想夭折的泪水呢?谁没有目睹过生命无奈的凋零呢？是见识过太多太多的衰与荣的草地，在不动声色地告诉我："只要是在行走着，就有光荣和梦想，就有遗憾和失落，就有欢欣和苦痛……我们的幸福，不在于我们已拥有了什么，而在于我们可以选择应该拥有什么。"

　　人生一世，草木一秋。古老的农谚里面包容着沉甸甸的智慧，寄寓着浓浓的情感。每个人都不过是一株简单而卑微的小草，一株会思考的小草，但汇聚起来就是一片博大而深邃的草海，就是一片历经生命辉煌与暗淡的思想汪洋。身在其中，我们每一个人都应当以感恩的心情，仰望头顶的天空，拥紧足下的大地，不卑不亢地绽露生命青翠的本色。

本文入选福州市高考语文模拟试卷

## 有一种爱是静水流深

接连不断的家庭变故，让本来就十分艰难的求学之路，在她15岁那个秋天被迫中断，尽管她那么酷爱读书，成绩那么优秀，每次考试都是第一。

沿着山路伤心满怀地回家，眼前那些飘落的黄叶，似乎都比她幸福百倍，因为它们都曾在枝头恣意地青翠过，而她葱郁的梦想刚刚发芽，便要被贫困残暴地掐断。

无奈，她瘦弱的双肩过早地担起生活的重荷，开始了整日忙碌而艰辛的劳作。

初冬的一天，她正打点简单的行囊，准备跟村里的人一同到南方打工。班主任老师兴奋地跑来了，他手里还拿着一张绿色的汇款单。

原来，学校对她的辍学特别惋惜，一直在想方设法地努力帮助她，只是在那个出名的贫困县里，像她这样的学生太多了，学校也一时爱莫能助。还好，学校终于与一个爱心基金组织联系上了，有一位好心人愿意资助她读书。

"恩人啊！"捧着那张汇款单，她喜极而泣，她的心里又涌入了明媚的阳光。

虽然生活依然清贫，她还有一大堆的家务活儿要做，但这并没妨碍她每天欢欣地往来于那条崎岖的山路上，没影响她把绵绵的心事说给沿途那些无名的野花和小草。是的，能够继续读书，就是最大的幸福了，她已对命运心存感激。

她很想知道是怎样的一位好心人在帮助她，想写一封信寄去满怀的谢意。但基金会的答复是，那位资助者不愿意透露自己的信息，只要求被资助者好好学习，能够早日成才。

此后的每个月，绿色的汇款单都会如期而至。开始是一百元，随着她年级的升高，数额升到了二百元，再后来是三百元。虽然钱数不是很多，但足够支撑她的学业。她细心地记录下了每一张汇款单寄来的日期和数额，每当看到那一串不断延长的数字，她便禁不住思绪联翩，想象远方的那个他（她）会是怎样的一个人，其生活情况如何，又是怀着怎样的爱意一次次地把钱寄出……

时光飞逝，转眼间她就走进了高考的考场。

接到大学录取通知书，她正为那笔不菲的学费发愁，一张数额一万元的汇款单令她和全家人惊喜万分：好心的人啊，似乎对她家的情况了如指掌，而她对源源不断地向她输送爱意的人，却丝毫不了解。她曾向那家爱心基金组织多次打探，但工作人员始终不肯告诉她资助者的任何信息，并说资助者只想着静静地帮助一个需要帮助的人，个人并不需要任何回报，只希望救助者能够成才，能多为家庭和社会做一些贡献。资助者特别要求工作人员要为其个人信息保密。

这时的她，特别想知道这些年来一直默默地帮助她的好心人，想由衷地道一声"谢谢"。然而，她费了好多的心思，通过好多渠道，也没能实现心中沉甸甸的愿望。

在大学里，除了刻苦地学习，她拼命地打工，学费和生活费已基本能够凑齐，可好心人的资助依旧常常寄来，虽然数额少了，但那份暖暖的关心，她能够清晰地感受到。大三时，她把勤俭节省下来的一笔资助金，转寄给了家乡一个更贫穷的女孩——她想让那无瑕的真爱传递下去。

那天，她正走在去做家教的路上，那家爱心基金组织的一个电话，让她骤然呆住了：资助她的好心人，一周前去世了，他的最后一笔汇款刚刚寄出。

站在明晃晃的阳光里，不顾往来行人惊诧的目光，她肆意地泪雨滂沱。她苦苦地哀求那位工作人员，一定要告诉她那位好心人的情况。这些年来一直在见证并感动于这样美好故事的那位工作人员，终于被她心痛的认真和执着说动了，说出好心人的一个汇款地址和他的名字。

几经颠簸，几多问询，她终于来到了位于黑龙江省北部的一个偏远的林区小镇，终于站到了朝思暮想的好心人低矮的小屋前，终于看到了他难得的一张照片——那个瘦小的老头，一身黑色布衣，满脸的沧桑一览无余。

原来，他是一位孤独的退休老人，每个月的退休金只有八百元。这些年来，他一直在很愉快地拣废品卖钱，熟悉的人不解地问他：拣废品又脏又累，可他为什么总是那样乐呵呵的？他明明有了两份收入，为什么却始终省吃俭用？他攒钱干什么？……对此，他总是微微一笑："因为有人需要。"

谁会需要他的帮助呢？他没有告诉询问他的任何人，因为他只想静静地做一件自己愿意做、又能够做到的事情。

她的到来，让人们惊讶地发现：那个天天走街串巷收废品的老人，还悄悄地留下了那么多美好的记忆。

跪在老人坟前，往事如潮，她心海难平。轻轻地捧起那束鲜艳的野花，她仿佛看到了老人在暮色中挑拣废品的从容，看到了老人发现一块废铁的喜悦，看到了老人走出邮局时的自豪……是的，怀揣着一份澄净无比的爱，他坦然而认真地忙碌着，像一位一生辛勤的耕者，把静静的爱，静静地播撒……

静静的爱，还在蓬蓬勃勃地生长着，在她幸福的心田里，也在无数美好的心田里。

## 为爱而歌

五百多年前,著名航海家和冒险家哥伦布第一次登上加勒比岛国古巴,便情不自禁地赞叹道,"这是我亲眼所见的最美丽的地方!"著名的作家海明威生命中的三分之一,也是在这块神奇而美丽的土地上度过的,他深情地称这里是"一个使人感觉像家一样的地方"。

1927年,在首都哈瓦那城东的一个小渔村柯希玛尔,一个男孩呱呱坠地,他的父亲是风里来浪里去的渔民,也是一名地道的民间歌手,喜欢演唱最具古巴本土特色的乡村音乐"颂",那是当之无愧的"音乐琥珀",它散发着美洲土著音乐风情,又汲取了西班牙的乐风,杂糅了非洲音乐的元素,呈现出迷人的"混血文化"色彩,非常原始、朴素。

很小的时候,他就喜欢坐在海边,望着蔚蓝的大海上白色的浪花、翩然的鸥群、穿梭的渔船,悠然地哼唱自己迷恋的乐曲。清苦的日子,因为那些陶醉的歌唱,陡然美好了许多。

12岁那年,父亲猝然离去。一夜之间,养家糊口的家庭重担便一下子落到了他稚嫩的肩头。他加入表兄弟组织的一个小乐队,晃动着沙锤,走街串巷地卖唱,用歌声乞讨一份饥饱难定的生活。

那些简陋、寒碜、肮脏的居民区,那些五分钱的小酒馆前,那些狭窄的小巷里……都曾留下了他奔波演唱的身影。

渐渐地长大了,酷爱音乐的他无师自通,不仅能够娴熟地弹奏只有三根弦的古巴吉他,还学会了演奏小号、萨克斯等乐器。他先后加入了好几个职业乐团,尝试了不同的组合,他喜欢自编自演,能够随时即兴演唱。

然而,他一直是一个默默无名的民间歌手,但这并没有影响他对音乐由衷地热爱,即使在囊中羞涩的日子里,他也没有停止过歌唱,而且他的歌里多是暖暖的爱意,偶尔有几缕忧伤,也是淡淡的,美得令人心醉。尽管他的手头始终拮据,但他却一直像一个富翁似的,脸上总是流露出迷人的笑,阳光一样。

转眼间,他已是一位耄耋老人,他仍喜欢抽廉价的雪茄,品最简单的酒,弹着吉他,欢快地唱那些一辈子迷恋的情歌。无论站在什么样的舞台上,无论观众多寡,每一次演唱,他都会深深地沉浸在那些舞蹈的音符当中,仿佛自己的灵魂,正在接受圣洁的沐浴。他唱得情真意浓,缠绵徐徐,一如陶醉在爱河中的初恋女子。

1996年,英国独立唱片制作人罗伊·戈德将古巴上个世纪20-50年代的四代重要艺人同聚一堂,录制了后来风靡全球的唱片《哈瓦那记忆》,这张专辑得到了包括格莱美奖在内的无数世界音乐大奖,销售量近千万张,在世界乐坛掀起了一股巨大的古巴旋风。

就是在那一年,因偶然参与了《哈瓦那记忆》的录制,他高超的演唱功力才引起世人惊讶的关注,他才得以一次次登上绚丽的舞台,在闪光灯炫目的追逐下骤然红得发紫。

当记者追问他在美国著名的卡内基音乐厅演唱,与在古巴的狭小的酒馆里演唱,有什么区别时,他一脸平静地回答:"根本就没有什么区别,我心灵里的歌,流淌的都是爱。"

他就是被誉为古巴"情歌圣手"的著名音乐人伊布拉辛·菲列,一个差点儿被乐坛彻底忘却的激情歌者,在他70岁时,才被挖掘出来。

在国外的一场盛大的演唱会上,伊布拉辛·菲列高举着古巴国旗挥舞,情真意切地向观众们告白:"我对音乐的热爱从未改变,我弹奏演唱的是世界上最好的音乐!"

没错,伊布拉辛·菲列近乎一生都是在贫困中度过的,但他绝对是一个无比富有的人,因为他一直都在为爱而歌唱,都在歌唱着心灵中奔涌不已的热爱……

## 光阴珍藏的那些美好

一帧简单的贺卡翩然而至,一句平淡而真诚的问候拂面而来。

于是,在那个接近年关的落雪的日子,我似已平静的心湖里涟漪纷纷,思绪的小舟纵情地逆流而上,回溯到草色青青的年纪,回溯到那灼痛心灵的日子……

那年,在"黑色的七月"过后,我又迎来更黯淡的日子,三分之差,让我再次与大学无缘。父母黯然的眼神和亲朋的惋惜之声,犹如一柄利刃,刺得我难以抬起头来,但我除了难过地低下头,别无选择。命运好像成心要跟我过不去,连着两年高考,我都是仅差三分。

最后,父亲卖了大半的口粮,又借了高利贷,将我又送到了县城的高中补习。于是,我有了一段此生难忘的"高五"生活。

认识晓曼是在我心情最糟糕的时候。那天晚自习,被一大堆复习资料搞得晕头转向的我,提前两分钟溜出教室,站到校园门口松口气。一个"烤地瓜"小女孩的叫卖声传来,将我的目光吸引过去。

小女孩的年龄和我相仿,黑亮的眼睛会说话似的扑闪着,鼓动我买一个烤地瓜。那会儿,其实我还真有些饿,再说她那香喷喷、黄焦焦的烤地瓜,也颇有诱惑力。我不由自主地将手伸向衣兜,可我只摸到几张食堂的钱票,一分现金也没有。我忙说"不买不买",脸上却有一丝慌乱。

她看出了我的尴尬，递给我一个很大的烤地瓜，笑着说："这一个免费给你，算是帮我开张剪彩吧。"

她那诚挚的目光让我连客气都免了，伸手便接了过来。

下晚自习的铃声响了，同学们纷纷地涌来。看到我正津津有味地吃着烤地瓜，本来对零食就很感兴趣的他们，纷纷掏钱买下那价格实在很公道的烤地瓜。一会儿的工夫，一篮子的烤地瓜就卖完了。

小女孩笑着转身走了。临走时，还对我道了声"谢谢"，说是我给她带来了"财运"，我不好意思地说："你明天再来吧。"心里想着到时候一定补上她的钱。

后来，我们就认识了，我知道了她叫晓曼，母亲长年患病在床，父亲去年又在施工中砸坏了腿，她还有一个弟弟在读初中，她高中没念完就辍学，帮着家里过艰难的日子了。这样说来，她跟我真有点儿同病相怜了，这让我们很快便亲近起来。

说起来也真怪，自从认识了晓曼以后，我暗淡的心中突然涌入了一缕光亮，学习动力更大了，我觉得自己考大学已不单单是为了不让父母失望，还在帮晓曼圆一个梦。

那是一个周末，我去书店买一本参考书，路上在一家大商场门口碰上两个流里流气的家伙正冲晓曼说着不干净的话，气得她眼泪含在眼眶里。我跑过去，喊了一声："不准欺负人。"

"哟，还有想当护花使者的呀，看看你的筋骨硬不硬。"说着，两个家伙朝我扑来。没等我反抗几下子，眼镜便被打碎了，接着身上又挨了好多拳头，直到被打倒在地，那两个家伙才骂骂咧咧地走了。

晓曼一边擦拭着我脸上的血污，一边说我不该吱声，这样的事她碰到不止一次了，能忍就忍了。我很英雄气地说："那可不行，好人可不能叫坏人欺负住了。"话一出口，自己就不好意思了，踢着那碎眼镜片掩饰心里的羞愧。

晓曼说:"看来,我还得赔你一副眼镜呢。"

"不用了,我能想办法的。"我嘴上这么说,心里却直后悔没保护好眼镜,多挨些拳头没关系,借钱买眼镜,可不是我愿意的。

"哎,你的眼镜是多少度数的?"晓曼问道。

"我说过不用你买就不用你买。"我故作潇洒地冲她笑笑,但还是告诉了她眼镜的度数。

"太好了,我妈妈有一副眼镜很新的,跟你的度数一样,她不戴了,晚上我给你送学校去。"她又露出了甜甜的笑容。

没等上晚自习,她就来了,交给我一个红绒盒子,里面是一副崭新的眼镜。我怀疑地问她:"你母亲真的不戴吗?"

她笑了:"要戴,还舍得给你呀?快戴上,看看合适不合适。"

"正合适,像专门为我买的似的。"我跟她开玩笑,"看来,今后我还真得多见义勇为几次,鸟枪换炮了。"

她咯咯地笑起来:"你还是先练好本领,再充当英雄吧。"

后来,她常来学校卖烤地瓜,还常常硬塞给我几个小的或形象不佳的,说是卖不掉的,让我帮她消灭了,免得她扔掉。我就很痛快地帮她这个忙儿,狼吞虎咽地消灭了她的不少烤地瓜。

直到有一天,她来告诉我,她要跟姑姑一起去南方做买卖,恐怕一时回不来了,要我多多保重,别忘了一定要考上大学……

我心里涩涩的,不知道该对她说些什么,只是一味地点头。

"看你这副悲伤的样子,高兴点儿,我这是去挣大钱。等我发财了,请你下最好的饭店。"她笑着,可我觉得心被刺了一样疼痛。

没想到,那一别,我们竟十五年音信杳无。我断断续续地知道了她的一些情形,她生意做得并不顺利,奇怪的是她一直没回来,没给我写信来,好容易找到一个她的地址,连着写了两封信,她也没有回音。似乎我们一下子都消失在茫茫人海之中,再难相逢。

后来，我才知道她送我的那副眼镜根本不是她母亲的，而是她用姑姑给她买衣服的钱买的，还有那些烤地瓜，都是她特意为我留下的。

　　直到今天，一张素洁的贺卡从南方飞来，我才知道，她和我一样，身陷红尘，但彼此并非已经忘怀往事。面对那一声迟到的问候，缕缕温馨自心中涌起——哦，纵使时光流逝，往事也永远年轻。那似乎已经尘封的日子，还会訇然走来，清晰如昨，不会成为随风飘散的烟云。

## 祖父最珍贵的遗产

在他出生前两个月，祖父便去世了。借助于父辈和乡亲们零零碎碎的讲述，他脑海中印下了祖父这样不同寻常的人生经历：他祖居浙东，少年得志，18岁入京城名牌大学，中年经商，生意做得很大，成了省内外有名的富商，60年代初那场大灾来临时，祖父散尽了万贯家产，挈妇将雏来到东北的一个林区小镇，默默地走完了此后清贫的人生。

"如果祖父当年不那么实在得犯傻，不把自己用智慧和汗水赚来的财富，那么慷慨地分赠给那些素不相识的灾民，而给我们每个儿女都留下一些遗产，让我们后来能有创业和发展的资本，说不定我们现在都富裕起来了。"这是他从叔叔婶婶们口里常常听到的慨叹，那口气里有些许的遗憾和抱怨，也有些许苦涩的无奈。听的次数多了，再看看父辈们如今一家比一家清苦的日子，他也在心底认为祖父当年的举动的确有些傻。

连村里一些上了年纪的乡亲们也都唏嘘不已——若是祖父给他的后代留下一笔遗产，那他们这个家族或许是村里最富有的了。而一生老实巴交地只知道下苦力气过日子的父亲，常常说的一句话却是："上辈是上辈的，我们是我们的，一代人要有一代人的活法。"父亲从没有说过"假如祖父当初……"之类的话，似乎祖父留不留下遗产，与他毫无关系似的。

他高考落榜后，到江浙沿海一带打工。辛辛苦苦地打拼数年，终于有了一点点的积累，他便盘下一个店面，雄心勃勃地准备大干一番，希望重现祖父当年的辉煌。

然而，初涉商海，他便被迎头浇上了一桶凉水。原来他看好的一单水果生意，竟是一个可怕的陷阱，而他已深深地陷了进去。眼看着左借右挪来的二十多万元本钱，就要随着那些正在一天天烂掉的水果离他远去，可他实在输不起啊。那些天里，他急得像没头苍蝇团团乱转，却于事丝毫无补。

那天，好容易碰到一位买主，同意买他那些即将烂掉的水果。绝望的他像溺水者抓到了一棵救命稻草，决定赶紧把那些咬手的水果处理掉。买主是一家养殖场的老板，人家是开出的是饲料的价格，而他已没有讨价还价的余地了，因为再不立刻出手，他就只能面对血本无归的惨淡结局了。

两人很快谈定了这桩买卖，他心痛无比地跟买主聊起了这些年来的苦涩经历，不知不觉中他提到了祖父的名字。买主的身子猛地一晃，突然紧紧地拉住他的手，惊讶地望着他，认真地问起他祖父的情况，当他再次肯定地说出祖父的名字及其经历后，买主的眼睛陡然一亮，激动地抱住他大声喊道："恩人啊，我们终于找到你了。"

"恩人？"他愣住了。

"是的，你祖父是我们家几代人的恩人，在我很小的时候，父亲就跟我讲你祖父的故事，告诉我们是你祖父救了我们全家人的命，父亲让我们一定不能忘了你祖父的大恩大德。这些年来，我们一家人，还有很多当年受过你祖父帮助的人，都一直在找你祖父，找你祖父的后人，希望能报答他老人家当年的救命之恩。"买主的眼睛里闪烁着感激的泪珠。

他还在惊讶时，买主已经不容置疑地给出了新的水果购买价格——那是他根本不敢想象的价格，比此时市场最高价的两倍还高，足以让他赚到 5 万元的利润。

他感激地连连谢绝，他已不奢望能在这单生意上赚钱，能够少赔一些，他就很满足了。而买主却安慰他："小伙子，按我说的办，我把你的这些水果推销到一家果酒厂，那个老板现在资产过千万，他小子能够有今天，也多亏了你祖父当年的慷慨救助，他说要不是你的祖父，他恐怕当年就被饿死了。相信这点儿小忙，他肯定会高兴地去帮的。"说着，买主将一张支票递到他的手里，让他去寻找新的商机。

后来，又有很多当年曾受过他祖父恩泽的人陆续找到他，他们以各种方式表达自己满怀的感激之情，他的生意也在大家的帮助下，一天天地好起来，他拥有了自己的大公司，远在林区小镇上的亲戚朋友们纷纷投奔他而来。

如今，事业正如日中天的他，每每谈起自己的这段商海经历，总会情不自禁地这样感慨："我能有今天的成功，要特别地感谢未曾谋面的祖父，是祖父当年慷慨无比的馈赠，为我存下了一笔巨大的遗产，他给了我立足、发展的雄厚的资本，让我一生受用不尽。"

是的，祖父留下了一个响当当的、让子孙后代自豪的名字，也留下了一份让后人享用不尽的财富，那是远比金银还要珍贵的遗产。

## 祖母的一针一线

祖母八十五了，成了一个鬓如霜、耳聋、眼花、走路蹒跚的老人。每次回老家，见到坐在床头的祖母，我总禁不住在心底暗暗慨叹时光如流水，不经意间，就将一个人那么多的芳华岁月，悄无声息地带走了。

今年五月，我回家探亲，问祖母为何不戴我去年给她买的助听器，她笑着说她只是偶尔有一点点耳背，不用戴那东西。后来妹妹告诉我，祖母只是跟楼下的邻居们炫耀了两次，一直没有戴助听器，并不是因为耳聪，而是她不想让我们感觉到她老了。

妹妹说得很对。这些年来，祖母总是跟我们抢着挑菜、刷碗、擦地板，她这是在告诉我们——她的身体还好，还能干许多活儿，还没有苍老到只能吃喝和睡觉。

那天，我要出去见一个朋友。穿西服时，袖口的一枚扣子突然脱落下来。我捡起那枚可有可无的扣子，将其放到一旁。祖母见了，忙翻出那个陪了她快半个世纪的针线包，拿出针线，要帮我把扣子缝上。

我笑着说："您眼睛都花了，还是让我来吧。"

祖母不服气地说："谁说我的眼睛花了？我还能把线穿到针眼里呢。"

说着，祖母从线团上扯过一截细线，将线头放在嘴唇边，用唾液抿湿，然后，又用手捻了捻，才颤巍巍地把线头举到那根针前，一次，一次,又一次,她连着试了好多次,都没能将那细细的线头穿过针眼。

我有些着急,便凑过去想帮她一下,她却不肯让我插手,嘴里还直念叨着:"前两天,我没怎么费劲儿,就穿好了,是这边儿的光线有点儿暗,我再到窗前试一试。"

祖母挪了挪身子,屏息凝神,再次举起针和线。又一次次地离成功擦肩而过,祖母并没有气馁,也没有急躁,仍耐心地一试再试。我正在心里暗自叹息祖母的固执,祖母忽然惊喜地喊道:"好了,穿上了。"

果然,祖母自己把线穿过了针眼。随即,她拿过那枚扣子,开始慢慢地穿针走线。

岁月真的很无情,祖母的动作明显迟缓了,全然没了我记忆中的那份娴熟,那份干脆利落。然而,就在那一刻,望着满脸皱纹的祖母那青筋暴起的手,一下一下,在阳光里起起落落,我的眼睛里满是感动。

"好了,缝结实了。"祖母像完成了一项重大工程,一脸的欣然。

"您的眼神儿还这么好,手艺还这么好,您真的不老啊!"我由衷地赞叹道。

"是啊,我还没老,还能干很多活儿呢。"祖母骄傲地收拾着她那些宝贝,告诉我若是有一台缝纫机,她或许还能给我做几双鞋垫呢。我说相信她还能操作缝纫机,还能让我们大开眼界的。

我这样一说,祖母反倒有些不好意思了:"听说现在的缝纫机都先进了,我怕是用不好了,只能用用这些陪了我一辈子的针线了。"

"这么多年来,您的一针一线,缝入了多少爱,缝进了多少深情啊。"我突然想起了已逝的一位文友曾写过的一篇美文。就在那一针一线的游走中,祖母一生为我们缝制、缝补了无法计数的衣裳,从寒冷中缝出了温暖,从清贫中缝出了富有,从艰难中缝出了幸福……

真好,我的八十五岁的祖母,还能穿针走线,还能给我们带来满怀的惊喜与自豪。

# 他让苦瓜无比香甜

在采访那位著名的民营企业家时,我的目光越过他背后书柜上那一排排精装的书籍,栖息在那件别致的根雕作品上面——嶙峋的古树身躯上,缠绕了攀缘的藤蔓,半空中,悬着一根憨态可掬的苦瓜。

"真是一件特别的作品!"我好奇地忍不住想上前摸摸它。

"没见过吧?这可是我好不容易淘到的一件宝贝。"把水果生意做得风生水起的他,轻轻地抚摸着那根苦瓜,给我讲了下面这个故事——

那是二十年前,父亲因为替朋友打抱不平,失手打残了人,被判了十年有期徒刑,母亲又急又恨,得了脑溢血,虽然被抢救过来了,却几乎变成了一个废人,连自己都不能照顾了。仿佛就在一夜之间,他便被迫长大了——那个残败不堪的家,需要他来撑起。那一年,他只有十三岁,还有一个七岁的妹妹。

他决定辍学去打零工,但很喜欢他的老校长坚决不同意。老校长动员全校师生为他捐款,并免了他和妹妹的全部学费,还每个月塞给他一些生活费。这样,他又多读了两年书,后来母亲病情加重,外债越欠越多,他只得含泪离开了校园。

于是,他去砖厂当小工,去烟花厂去制作爆竹,去夜市摆小摊,去给饭店送啤酒……各种杂七杂八的活儿，只要能挣钱，不管有多累、有多苦，他都不挑不拣，只为着不让那个家坍塌下来。

那天，同在一个夜市摆摊的几个小青年，凑到一起商量怎么去赚大钱，他也动心了，决定跟他们抱团一起干。但很快，他便发现他们所谓的致富捷径，都是一些歪门邪道，说白了，就是坑蒙拐骗。他立刻决定退出不跟他们一起干了，前几天还与他称兄道弟的那几个小青年，立刻翻了脸，狠狠地教训了他一番。开始，他以为忍气吞声一下，他们就会饶过他，没想到他们得寸进尺，此后依旧经常找他的麻烦，他的小摊摆不下去了，在饭店端盘子也不消停。他胸中的怒火越积越大，终于，他忍无可忍了，去商店买了一把剔骨的尖刀，准备再遇到挑衅时，他就要予以还击了。

果然，那几个小青年又来找他的麻烦了。他突然抽出了随身携带的那把剔骨尖刀，挥舞着刺向那个肆无忌惮地欺负他的家伙，他的疯狂眼神和举动，把那几个家伙吓坏了。就在刀尖几乎要刺到那个肥臀时，他被拦腰抱住了，再回头，他呆住了——是老校长。

老校长收起他的手里的刀，没有说一句话，只是默默地蹲在他身旁，任他抱头放声大哭。那么多的委屈，那么多的痛苦，压抑了那么久，此刻，决堤般地倾泻而出。

扶起仍在啜泣的他，老校长没有批评他刚才的莽撞行事，也没有苦口婆心地开导他应该怎样不应该怎样，而是从随身携带的购物袋里掏出一根苦瓜，问他知道苦瓜的味道吗，他回答一个字——苦。

老校长说："你只说对了一半。"

他困惑不解地望着老校长，实在不明白最寻常的苦瓜还有别的什么味道。而老校长也不解释，只是拉着他到了家里。一会儿的工夫，那根苦瓜变成了他熟悉的那道菜——苦瓜煎蛋。老校长让他尝尝味道如何。他夹了一大块，塞到口中咀嚼起来。奇怪啊，怎么没有丝毫的苦味，反倒有一种奇异的香甜味呢?他惊讶地望着老校长,不知道这意想不到的感觉,是苦瓜的缘故,还是自己味蕾的缘故。

老校长笑了:"奇怪吗?很苦很苦的苦瓜,也可以变得香甜无比。很简单,我用了两种特殊的调料。"

"特殊的调料?"他好奇顿生。

"是的,我根据书上所介绍的,自己花了好长时间才研制出来的两种调料。不过,我今天想告诉你的,不是我神奇的调料,而是一个很简单的道理——世界上没有什么是不能改变的,只要你愿意,你总能变成你所希望的那样。"

"谢谢校长!我知道今后该怎么做了。"他从老校长慈爱的目光里读懂了那份深情的期待。

"我相信你,相信你能把苦日子过甜。"老校长真诚地鼓励他。

"我不会让您失望的,也不会让自己失望的。"他一脸的坚毅。

此后,经过无数的磨难,他终于成长为一名杰出的企业家,把妹妹送到国外读了博士,为母亲请最好的医生,病情得到了大大的缓解,出狱后的父亲也获得了一份体面的工作。

他说,是老校长的那根苦瓜,让他在苦难中品尝到了香甜的滋味,更懂得了如何在艰难中把握人生的方向。他后来之所以对苦瓜一直别有深情,是因为心中始终感激老校长,感激他那刻骨铭心的教诲和光明的引导。

听到这里,我的心不由得一颤:那真是一根甜透岁月的苦瓜啊,在它的背后,有着一颗爱的心灵,那纯净的滋润,才诞生了那样让人感慨唏嘘的美好结局。

## 尚奶奶的小说

朋友办了一所文化学校，邀我每个周末去给一个作文辅导班上课。

第一次上课，我就惊讶地发现教室最后一排坐着一位满头银发的老奶奶，她很认真地听课、做笔记。课间休息时，我走到她跟前与她聊了起来。

她叫尚贵芝，今年已经80岁了。我好奇地问她，为什么这么大年纪还和一群中学生一起听课？她笑着回答"因为喜欢"，说着，她从随身携带的帆布书包里拿出一沓打印好的文稿，告诉我那是她刚写的小说，她请我回去有时间帮她看看，给她提一些修改意见。

我问尚奶奶以前是否写过东西，她说这是第一次写东西，她小时候就特别羡慕那些会写作的人，能够写出让人喜欢的文章，是她一直藏在心头的梦想。只是因为生活坎坷，她读书的机会极少，写作基础太薄弱，一直没敢动笔，直到那天她在报纸上看到一位85岁才开始写作的英国老人的故事，她才鼓起了勇气。

回到家中，我细细地翻看尚奶奶的小说。坦率地说，她所写的不过是一些"流水账"式的生活实录，缺乏必要的艺术提炼和加工，虽然其中不乏一些精彩的故事，也有一些感人的细节，但她的写作素养实在太一般了，小说的缺点非常明显。

再次去上课时,我把小说稿还给尚奶奶,给了她一点点鼓励后,我就直言不讳地谈了自己的读后感。没有想到,她竟一边不停地向我致谢,一边非常认真地在本子上记录我的意见。看到她那满脸的虔诚,我有些感动,便好意地建议她:"尚奶奶,您不妨先写一些短篇的东西,比如短小的叙事散文或者微型小说。"

"我知道自己还不具备写出成功小说的能力,你的建议也有一定的道理,可是,属于我的时间不多了,我的人生经历促使我更想写一部长篇小说。"她感到了时不我待。

随着交流的深入,我渐渐地知道了尚奶奶的一些生活经历:她只读过三年的小学,11岁便失去了父母,16岁嫁给了一个铁路工人,21岁守寡,拉扯着一儿一女熬了5年,再嫁了一个有三个儿子的农民。三年"灾害"的时候,她拼死拼活地劳作,仍填不饱一家人的肚子。最困难的时候,家里好几天连一粒烧粥的米也没有了,她偷偷地从生产队的马棚里拿了一小块豆饼,结果被发现,被游街示众,若不是放心不下那几个需要她养活的孩子,她真想一头跳进村头那个深池塘。再后来,她供养儿女读书、工作、成家,又帮助他们照看孩子,一生都在忙忙碌碌中度过。直到孙子和外孙们都上大学了,她才恍然发现:有一个小小的心愿仍在心头萦绕着,挥之不去。

于是,当她偶然听到邻居家小男孩说自己在上作文辅导课,便毅然前来报名参加学习。我的朋友要免她的学费,她坚决不肯。她说现在条件好了,她也有时间了,真想好好学点儿东西,真想把那部小说写好。

"我知道,您的生活经历本身就是一部内容丰富的小说。"我突然意识到,尚奶奶的写作,早已没了丝毫的功利色彩,只有一份真性情的自然抒发。

"我也觉得我的生活挺像小说的,应该把它写出来,可我的写作能力实在太有限了。"尚奶奶不无遗憾道。

我听了非常感动，在内心说道，尚奶奶，即使您的小说最终也没能写成功，但您依然令人钦佩。因为您不仅把一个美好的梦想保持了几十年，在暮年仍为梦想的实现实实在在地努力着。而这些，都是值得我辈和更年轻的人们好好学习的。

## 最幸福的理发师

在寸土寸金的繁华商业街角,有一个毫不起眼的小小理发店,店内只有一位白发如雪的老理发师,带着一个勤快的年轻助手。老理发师名叫黄文昌,已经85岁了,依然精神矍铄,耳不聋、眼不花,理起发来,那一招一式,还是那么手法娴熟,干净利落,令人叹为观止。

老理发师从12岁开始做学徒,15岁开始拿推子给顾客理发,早已"阅头无数",技艺愈发精湛,以至炉火纯青,人送美名"黄一刀",在上个世纪六七十年代,他技艺超群、收费却一向低廉的事迹还上了省报。

如今,各类美发屋遍布大街小巷,各种时尚的发型设计理念不断更新,各种现代化的理发工具也在不断涌现,而黄文昌的理发观念始终以追求舒适为主,不赶时髦,不求新变,收费依然低得可怜,就连他手上的理发工具,也几十年没有变化,仍旧主要是一把推子和一把剃刀。他的理发店规模一直不大,这几年,多是一些老年人和一些收入偏低的"底层人士"光临。

那天,我陪新华社一位记者采访归来,闻知他的故事,记者好奇地让我带他去认识认识这位高龄的理发师。

走进门脸不大、装修简单得近乎寒碜的小店,黄文昌正笑容可掬地给一位老者理发。只见他穿一件很干净的白色大褂,左手抚着老者的头,右手握一把擦得锃亮的推子，咔嚓咔嚓地修剪着，剪下的碎发，很听话地被他轻轻甩入脚边的一个纸桶里，地上几乎不见一丝。过了一会儿，他又用剃刀背轻轻地摩挲几下老者的脖颈，然后轻快地刮去上面残留的几许发根。接下来，他又拿出一个形状特别的耳勺，帮老者掏出耳朵里的耳垢，喜得老者连连慨叹"真舒服"。最后，他又让年轻的助手打来一盆清水，他亲自为老者洗去头上和颈间的发渣。最后，又认真地端详了一番，才满意地点点头，接过老者的五元钱报酬。

整整40分钟，我和记者坐在旁边看着他有条不紊地忙碌，简直是在欣赏民间艺术表演。

我不解地问他这么大年纪了，为什么还要出来给人理发？他笑着回答了两个字——高兴。

我又问他："只是剪一个普通的头，赚钱不多，为什么要花那么多时间，还要那么认真呢？"

"那是我的职责啊，习惯了。"他喝了一口茶。

我惊讶："您这么一把年纪了，那可不是轻松的劳动啊！"

他依然笑容满面："你不知道，听着推子咔嚓咔嚓地游走，看剪下的头发轻轻飘下，心里别提有多么舒坦了，简直是一种特美的享受啊。"

哦，原来是这样——在我们的眼里看似很辛苦的劳动，在他那里只是一种快乐的享受，根本没有劳累的感觉。

而接下来记者的一番聊家常般的采访，让我们更是惊讶不已，感慨不已。

实际上，他生活条件优裕，手头一点儿也不缺钱，他用理发赚来的钱资助了好几个贫困学生，现在还给两个大学生邮寄学费呢。他还有两个特别有出息、特别孝顺的儿女，儿子是一家著名跨国集团的总裁，女儿是一位副厅级干部。儿女曾多次劝他不要再去做理发师了，好好在家享享清福。他却说最好的享受是做自己喜欢的事。儿女要给他投资一个好的美发屋,他不同意,理由是跟那个陪伴了他几十年的小理发店有感情了。再说,他现在给人理发,赚的就是快乐,一间小店足够了。

　　记者敬佩地问他打算将理发店开到何时,他呵呵地笑着:"只要干得动,就会一直开下去。瞧我现在这精神头啊,估计当个百岁理发师问题不大呀。"

　　黄文昌老人那无遮拦的快乐,深深地感染了我和记者,走出小店很远了,我们还在不约而同地连连慨叹:他是我们遇见的最幸福的理发师。

　　道理再简单不过了——做自己喜欢做的事情,并懂得享受做事过程中的点点滴滴的快乐,便自然会拥有浸润心灵的幸福,久久地,陪伴在自己的人生路上。

## 第六辑
## 世界这么大,谢谢这一路有你陪伴

感谢上苍的怜爱,感谢命运的安排,穿过茫茫人海,你我能够相识、相知,能够一路风雨,一路阳光,相伴同行。在你的眼睛里,我看到了广袤的世界;从我的笑容里,你看到了真挚的情谊。你我相信,有一种陪伴,叫真爱无极限。

## 与爱相拥，便有无数的良辰美景

市郊偏僻的一角，那一排老旧平房，租住的大多是外地来的打工者，其中有一家收购废品的，我常常遇见。男的高个、细瘦，爱笑，爱唱歌；女的矮胖，是个哑巴，也爱笑；女儿被他们打扮得花枝招展，虽然浑身上下都是廉价的地摊货，却常见她像一只欢快的蝴蝶，飞舞在他们身边。

没错，他们租住的条件十分简陋、寒碜，夫妻二人每天都在为一份温饱生活而忙碌，女儿在政府专门为农民工开办的简易学校读书。然而，见过他们的人，都不无羡慕地说，他们真是幸福的一家子。

我曾多次看见他蹬着一辆破旧的三轮车，敲着一个破塑料桶，穿梭于一条条街道、一个个小区之间，收购各种破烂。他的嗓音浑厚，一声声的"收破烂喽"，竟被他喊得抑扬顿挫，味道十足。第一次与他打交道，便产生了极好的印象。因为他好听的声音，因为明媚的笑脸，更为他把那些破烂当作宝贝的那份认真。

我留了他的手机号，攒了一大堆要淘汰的东西，便给他打电话，叫他随时过来取。

我发现，他对我准备处理掉的那些旧杂志、旧书特别感兴趣，便慷慨地要送给他，他却执意地按旧书收购。他说："你是大学老师，又是作家，你不要的，也是好东西，我不能白要。再说了，你把它们留给我，就很看得起我了,我要是不付钱,那不成乞丐了?"他呵呵地笑着,我心里满是感动与敬佩。

渐渐地,我知道了,他来自大西北,他的妻子原来在乡广播站当过播音员呢,后来因为一场大病,便哑了。可是,每次提到妻子,他眼里都会闪着叫人羡慕的兴奋,骄傲地告诉我,她做的手拉面有多么的好吃,在他生动的描述里,我都禁不住口舌生津了。

我问他:"比最地道的兰州拉面还好吃?"

"那当然了,我要是有钱了,开一个拉面馆,保证顾客盈门。"他满脸的自信。

有一次,他又向别人炫耀她做拉面的手艺,她羞涩地直摆手,嘴里咿咿呀呀着,似乎在谦虚自己的手艺。他反倒更开心了:"我老婆还挺低调,还能进步。"

那个瑞雪纷纷的冬日午后,我站在阳台上,突然被眼前的一幕吸引住了:只见他推着车子,她与他并肩而行,忽然,她转过身来,为他系了一下那条蓬松的围脖。见他脸冻得有些发红,她又搓搓两手,放到他的脸上。他有些不好意思地,朝四下望望,两人眼睛里的幸福,看得人心暖。

谁说"贫贱夫妻百事哀"?在他和她的脸上,我没有看到过一丝的愁容。即使那天他提到远方的母亲病了,自己却无法回去探望,因为女儿上学的事情还没办妥,他依然像是安慰别人似的,豁达道:"过日子麻,总会有一些不顺心的事,咬咬牙,就过去了。忧没有用,愁也没有用。"

因为我这些年来,发表了许多励志类的文章,卖给他的许多样刊,他竟然都阅读了。那天,他很诚恳地告诉我:"你写的那些文章,真好,读着让人感动,给人力量。我都留着,等我女儿认识字多了,我拿给她看,肯定对她有帮助。"

既然他那么喜欢我写的文章,也算是遇到知音了,我提出赠他新出的书，他有些受宠若惊地连连道谢，一遍遍地看着我的题字和签名，喃喃道："这下子，回到老家，又有骄傲的啦，有作家赠我书呢。"

不久，他送给我一大布袋的决明子，让我装到枕头里，做枕芯，能促进睡眠。

原来，我此前不经意地说过，自己好长一段时间睡眠质量不大好，他居然记住了，打电话给老家，特意搜集了决明子寄来送我。我要付给他钱，他执意不肯："你把我当朋友了，送我无价的精神食粮，我给你一点儿东西，怎么能收你的钱呢？"她也在旁边打着手势帮腔。我不再坚持了，他们竟像得了很大的实惠，开心地笑了。

日子在悠悠地向前滑行。我时常能看到他和她穿街走巷的身影，看到他们在早市上手牵手买菜，听到他爽朗的声音，看见他们阳光明媚的笑容，还有他女儿成长中的点点滴滴的喜悦，他们遇见的新鲜事……在我的印象里，似乎他们的每一天，都是享不尽的良辰美景。

我把他们的故事讲给我的学生，把那些动人的细节写进文章里，讲给更多的读者。我相信：无论是谁，只要能够像他们那样，懂得与爱相拥，知道享受眼前的每一刻的欢悦，那么，即便是生活里面有许多的不如意，也依然可以让自己拥有无数的良辰美景。

## 陪你走一程

　　大三那年，父亲突然病逝，留下了数万元的欠债。已下岗多年的母亲，一想到她那高额的学费和生活费，便暗自叹息着以泪抹面。那天晚上，母亲满面忧伤和愧疚地走到她面前，几次欲言又止。她知道母亲内心的苦楚和无奈，但她实在不想因此放弃了读书，她揽住母亲的肩膀，故作轻松地安慰母亲："您不用发愁，我会自己打工挣钱读完大学的。"

　　说起来容易做起来可就难了，打工的学生太多了，有限的工作岗位常常竞争激烈，而她这样理工科的大学生，找工作就更难了。费了好多周折，吃了许多辛苦，她不停地换地方打各种短工，甚至影响了学习成绩，也只是挣到了勉强维持生活的报酬，那不断拖欠的学费，还像一座大山似的横在面前。

　　那个周末，她又去街头寻找工作，走得双腿都发麻了，还没找到一份工作。正满怀失望时，她发现前面一家很大的茶庄贴出的聘请陪茶女的招工启事。几乎没有任何的迟疑，她便走了过去，因为她太渴望早日拥有一份工作了。

　　她很快就与老板谈妥了这份工作，每天晚上来这里陪着茶客们喝喝茶、聊聊天，底薪两百元，剩下的就靠她挣茶客赏给的小费了。

　　一上班，她才知道那工作绝对不像老板说的那样简单，她要懂得一些茶艺和茶道,要调动所有的智慧和本领,把各色各样的客人陪得高兴,才能挣到数额并不多的小费。遇到那些挑剔的顾客,她还要赔着笑脸接受各种批评。当然,有时还会遇到一些粗俗的顾客,有几次,她被羞辱得差点儿摔门而去。还有,她晚上要从六点一直工作到午夜,然后还要忐忑不安地走过一段偏僻的小路返回大学。连续的紧张和疲惫,常常让她做噩梦。

但一想到自己的学业,想到母亲那忧郁的眼神,她又一再劝慰自己——先忍着,等挣够了学费或找到了更好的工作,就离开这里。

尽管她很有尊严地做着这份辛苦的工作,但她还是从不少人眼里读到了刺痛心灵的歧视。直到遇见言语并不多的陆逊,她内心的抑郁才扫去了许多。陆逊不常来,但每次两人谈得都很愉快,虽然他给她的小费不多,但她却很感激他的理解和鼓励,只有与他在一起喝茶聊天时,她才可以身心轻松得像面对着老朋友一样。陆逊几天没来,她竟有一缕莫名的失落感。

那天,得知前一天晚上在返校的路上,她拼命地奔跑呼叫,才摆脱两个流氓的纠缠,陆逊立刻担忧起来:"要不你别回学校住了,我帮你在附近租一间房子吧。"

她摇头:"不行,学校不会同意的,再说那笔开支也不小啊。"

她又谢绝了陆逊每天晚上要护送她回校的好意,看到陆逊眉宇紧蹙着一时想不出更好的办法,她就很感动地说不用为她担心,她以后会加倍小心的。

又一个周末晚上,陆逊突然失神落魄地坐到她面前,无比悲伤地告诉她这是他最后一次来这里了,因为他被人给骗走了一大笔无法追回的资金,银行正催着他还贷款,女朋友也跟他分手了,他现在是四面楚歌,感觉活得实在太累了。说着,他把手机和全部的积蓄都塞到她的手里,叮嘱她今后多多地保重。

她把他的东西推了回去,像哲人似的开导他:"事情没你想象的那么坏,我相信你不会那么轻易就被打倒的。"

他却连连摇头,像经受不了那极大的打击,心情坏到了极点。

茶庄要关门了,她怕他一时冲动做什么傻事,便决定先陪他散散步,然后送他回家。漫步在城市午夜的长街上,她向他讲了许多自己的故事,看到他情绪稳定了,她才如释重负。没想到他的家离她的学校很近,看着他上楼去了,她才拖着沉重的脚步回学校。

他说这段时间没钱去茶庄了,但他特别想见到她,想听她说说话,那样,他的心情会变好许多。于是,每天午夜时分,他都会站在茶庄门口等她出来,两人共走一程,只是他坚持要先看着她进了校园,他再自己回去。过了几天,看他心情好了许多,她刚要说以后不用他护送自己回校了,他却抢先说自己在茶庄附近一家软件公司干了一份兼职,每天晚上都要干到半夜,正好两人可以一路同行。

因为有了陆逊的陪伴,她的心情出奇地好起来,那段曾让她恐惧不已的夜路也变得美丽起来。她扔掉了藏在背包里防身的水果刀,还开玩笑逗陆逊,她是不是应该付给他一笔陪护费啊,陆逊却说实际上是他赚了便宜,他还没付给她情感陪护费呢。

转眼间半年过去了,终于攒够了全部的学费,她准备辞去茶庄的工作,因为她要集中精力写毕业论文了,接着又要找工作了。当她到学校财务处补交学费时,却被告知她的哥哥已经替她交过了。

哪里冒出这么一个好哥哥呀?她立刻就想到了陆逊。陆逊坚决不肯承认是他替她交的学费,却告诉她一个令她惊讶不已的消息——下个月,他就要到欧洲度蜜月去了。

原来,陆逊的女友前一段日子是出国进修去了,根本没与他分手。他也没有被人骗去什么钱,他公司的生意一直不错,他始终很忙碌。他之所以编了那一堆谎言,是因为他很担心她的安危,想让她坦然地接受他的一份真诚的帮助。

"谢谢你陪我走了一程,相信那些美好的情景,一定会激励我走好今后的人生旅途。"她由衷地感激陆逊,坚持要还给他替交的学费。

"其实,我也要感谢你,因为从第一次遇到你时,我便从你的身上学到了许多东西,比如你面对厄运时所表现出的一个柔弱的女孩特有的自尊、自立和自强,真的很让我佩服。"陆逊诚恳地说,像她那样的女孩,是应该受到敬重和帮助的,他所做的那一切不过是举手之劳,让她不必太在意。

如今,已在省城一家合资公司从事一份很不错工作的她,还常常地想起那段与陆逊同行的日子,想起彼此间那段纯真的友情。

是的,在岁月的长河中,能够有人陪自己走一程,或者陪人走一程,同样是无比快乐和幸福的。因为真诚,在那同行的路上,撒下的必然是生活中的美丽、芬芳……

# 老师的样子像天使

我支教的学校在一个异常干旱的山区，到处是裸露的山岩，难得看到几抹绿色。村里的男人几乎全都出去打工了，女人也出去了大半，留守的只有老人和孩子。村里有一所小学校，破败不堪，除了一个跛脚的老教师，其他的人忍受不了这里生活的艰难和收入的微薄，都陆续地离开了。

我这个来自大城市的漂亮的大学生刚一进村子，就听到有人大声地打赌，嚷着说我肯定不会待在这里超过三个月。的确，村里的教学和生活环境，都远远地超出了我的想象，如果不是亲历，实在难以相信，在21世纪的今天，在西部还有那样闭塞、落后的地方，连辛苦收集来的发霉的雨水，都那么的珍贵。我想洗一次澡，需要花费一天多的时间，转三次车，赶到几百里外的县城，才能找到一个浴所。

我教三、四两个年级的语文课，学生的基础差得叫人触目惊心，许多学生连拼音也不会，错别字随处可见，一个简单的造句，也会语病百出。因为老师来来走走，学生们总是时断时续地上课，所学的东西都快遗忘干净了，一些学生对学习也没了兴趣。

我教的班上有一个叫望富的学生，他是一个非常懂事的男孩，学习刻苦，成绩最好。每当课堂上有学生调皮，他都会站起来帮我管住。我问他的理想是什么，他说要做一个像我这样的好老师。我说自己还算不上一个好老师，他说能在这么艰苦的地方待住的就是好老师。

望富的家离学校非常远。我问他到学校的路途有多远，他说不上来，只说如果跑着走，最少需要两个多钟头。望富的回答激起了我要一探究竟的好奇。周末放学时，我提出要与望富一同回家，去做一次家访。

望富惊恐地阻拦我："老师，你别去了，太远了，路还不好走，会累着你的。"

"没事儿的，老师不是那么娇惯的，我在大学里还是长跑运动员呢。再说了，你不是每天都要往返于学校和家之间么？"我换好了一双轻便的旅游鞋。

刚一出校门，望富便从帆布缝制的书兜里掏出一双草鞋快速地换上，我愕然地发现他没有穿袜子，只是在脚上缠了两条布带。他羞涩地告诉我，山路崎岖，很费鞋的，他穿的草鞋是自己编的，布带是捡来的。

我和望富边走边说，不知不觉间三个小时过去了，我的双腿已酸涩得迈不动了，天色也已暗了下来，还没到他的家。我问他还有多远，他说快走还得半个小时吧。好容易走到望富家，一下子坐到他家门口的石凳上，我累得再也站不起身来了。很快，望富端来了半盆热水，让我赶紧泡泡脚。

我先洗了脸，又叫望富也过来洗洗，并把随手带的一块香皂递给他，他把香皂放到鼻前贪婪地闻闻，说了声"好香"，却没舍得用，而是叫过妹妹也来闻闻。看到他们那样爱不释手，我就送给了你们，两个孩子连连道谢，脸上是一览无余的欢喜。

我脱下磨了两个洞的袜子，舒坦地泡了脚。我起身要将泡脚水浇到院子里的花坛中，望富却宝贝似的端到一旁，让患了白内障的奶奶坐下来，慢慢地帮着奶奶洗脚，看到奶奶那副很享受的样子，我的心里暖暖的，只想落泪。接着，望富又让妹妹过来洗了脚。那盆水已经很混浊了，望富才把双脚放进去,他说真的要感谢我,让他和奶奶、妹妹都借光洗了一次脚。

晚饭是望富和妹妹一起做的:小米干饭,一盘炒蕨菜,一小碗炒鸡蛋,还有一小碗萝卜咸菜。望富不停地往我碗里夹鸡蛋,他的筷子却总是瞄着萝卜咸菜。

这时,我才知道,望富家是村子里最穷的一家,母亲是得了肝腹水去年去世的,父亲常年在外面打工,妹妹已辍学在家两年多了,他是靠希望工程的捐助才返回校园的。

回到学校,我在书信中向远方都市里的同学们讲述了支教学校的情况。很快,同学捐献的衣物、书籍等,便从四面八方邮寄到学校里,有一位中央大报的记者还专程来采访了一次,图文并茂地报道过后,又引来很多热心人的关注和帮助,其中,最大的帮助是,有人出资帮村子里和学校各打了一口深水井,基本上解决了饮水难的大问题。

我不过是做了一点点举手之劳的小事,但很多学生和家长都感激地称我是美丽的天使。

望富的妹妹又上学了,她洗得干干净净的笑脸上,散着淡淡的皂香。下了课,她就趴在办公室的门口,目不转睛地盯着我看,一次又一次,我看到了,她就跑开了。没多久,她又在盯着我看。

当我好奇地抓住她,问她为什么总是看我。她仰起天真的笑脸,告诉我:"老师,我不知道美丽的天使长的是什么样子,可我相信,天使一定和老师是一样的。所以,我看着老师,就是看着美丽的天使。"

我激动地把她揽到怀里,轻轻地摩挲着她的小辫,眼角一阵灼热。

## 你也可以做喜剧的主角

那时,他和她波澜不惊的婚姻刚刚过了三年,两个人的关系便磕磕绊绊起来,常常为一点鸡毛蒜皮的小事,彼此互不相让地争斗,弄得两人都有些心灰意冷,眼睛里都是爱情华美的旗袍上爬着的虱子。

就在他们准备分手时,她惊讶地发现自己怀孕了。或许与生俱来的母性,或许是新的希望,让她突然对他多了一份宽容,少了一份计较。而他,也似乎一下子成熟了许多,对她也少了许多挑剔。

女儿依依的降临,给他们平淡的生活增添了无数的欢喜。虽然初为人父人母,他们需要一边工作,一边照顾幼小的女儿,两个人常常会手忙脚乱,顾此失彼,他们却快乐地忙碌着,谁都没有丝毫的怨言。

依依一岁那年,忽然得了一场重病,长时间发烧不退,他们抱着依依辗转了许多家医院,也未能确诊究竟是患的什么病。看着女儿烧得红扑扑的脸蛋儿,他们心里急得像着了火。

他们借了钱,急忙赶赴北京,挂了权威专家的号,排了大半夜的队,终于忐忑地坐到了那家著名的儿童医院的专家面前。急得简直就要发疯的一番等待后,令人揪心的结果出来了——依依患的是一种十分罕见的脑膜炎,医学界至今尚未找到其发病的原因,许多抗生素对该病都根本不起作用。

听了医生的介绍，他们的心立刻凉到了一个冰冷的刻度：依依怎么会这么不幸呢？该怎么办呢？

医生说目前只能抱着一丝希望，试一试从国外进口的一种新型抗生素，但医生一再提醒他们：这种抗生素对病毒的杀伤力很大，但价格昂贵，并且毒副作用比较大，即使最终能够治好依依的病，恐怕对依依大脑也会造成不小的伤害，后遗症估计难免，甚至会严重地影响到依依的智力。而如果不选用那种进口的药物，依依持续不断的高烧，也会严重地损害她的大脑，甚至危及她的生命。

没有别的选择了，他和她只能无奈地接受医生的建议：选用进口的药物，先保住依依的生命，别的以后再考虑。

一剂剂药用下去，果然收到了明显的疗效，依依发烧的问题解决了，但与此同时，他们的担心也与日俱增。因为医生介绍，此前，国外也有过一些保住了生命，但智力大受损害的病例，依依能否幸免，实在不好说。

一些亲戚和知心的朋友，见他们背负了那么多的债务，不计后果地为依依治病，便委婉地劝慰他们：与其那样担忧那不堪想象的可怕后果，大人孩子很可能一生都在磨难中度过，不妨考虑一下放弃眼前的治疗，因为他们还年轻，完全可以再生一个更健康、更聪明的孩子。

但是，他们固执地摇头，断然拒绝了那些"善意"的建议。

不管怎么说，依依也是我们的女儿啊，我们有责任去救治她，只要有一分的希望，就应该尽十分的努力，坚决不能放弃。

如果依依傻了，该怎么办？他和她的目光一碰，两颗心都在疼痛。

如果依依傻了，我们就努力活得长久一些，养她一辈子。一向柔弱的她，突然变得那样坚定起来。

对，我们就好好地活，多给她创造好一点的条件，不让依依受罪就是了。他也很男子汉地安慰她。

为了更好地照顾依依，她毅然辞掉了工作。而他，则开始更加拼命地写作赚稿费，支撑一笔一笔不小的开销。因为依依，他们甚至再没有争吵过，满心里都是依依。两颗原来还有些纠结的心，也在不知不觉间，贴得更近了。

起初的一段日子里，久居医院的依依，目光有些呆滞，不愿意与人说话，对一些常见的问题反应没其他同龄孩子那么敏捷。看到这些，他和她十分揪心，私下里，他们开始盘算依依长大后实现生活自理的一些可能的选择：他们一会儿想让她做一个花匠，在花圃里侍弄那些花草；一会儿又希望她能做一个服务员，在餐厅里端端盘子收收碗；一会儿考虑她可以去一个收发室帮助收送一下报刊信件；一会儿又琢磨她可以去做一个跑跑腿的球童……总之，他和她所想到的，都是一些不需要多少智力的工作。

等依依进幼儿园一段时间后，他们暗暗地欣喜起来，依依居然也能背诵一些儿歌和绕口令；等依依一年接一年地读完小学了，他们更加开心了，虽然她的成绩并不十分突出，但比他们想象的要好上十倍；等依依读了高中，并向他们描绘起将来考大学的梦想时，他们兴奋得简直都要跳起来了，因为那是他们当初不敢奢望的；等到依依大学毕业了，拥有了一份相当不错的工作，还开始像别的女孩一样浪漫地恋爱……仿佛彩票中了巨奖一样，他们心头抑制不住的喜悦，恨不得让世界上所有的人都知道。

尽管岁月在他们的额头过早地刻下了深深的皱纹，尽管他们一直蜗居在不足 50 平方米的小屋，银行里的存款额始终没有超过五位数，但他们依然真切地感觉到：他们是世界最幸福的一对，他们的一家是世界上最幸运的。

偶然的一天，依依知道了自己二十五岁的生命历程中，曾有过那样惊心动魄的一段遭遇，曾有过那样一段被担忧、被呵护、被祈祷的人生，她的整个身心都被深深的感激充盈了：原来，不经意间，自己还成了那个美好无比的喜剧的女主角。而喜剧的演绎者——他和她，在回首那些与爱牵手的日子时，也骄傲地发现，他们也是喜剧的主角。

没错，因为一份纯净无瑕的爱，人间的不幸，也奇迹般地诞生出了美艳如花的喜剧。

## 举手之间，善美花开

那个周日的早上，我把女儿送进了艺校舞蹈班，便朝新华书店的方向走去。

穿过两条小街，我的目光忽然被前面十字街口的一群围观的人吸引过去。走近一看，一个胖胖的中年妇女，正大嗓门地训斥着一个眼含泪珠的小女孩，小女孩大约五六岁的样子，干瘦的身子，穿了一件肥大的衣裳，正垂着头瑟瑟发抖。从胖女人向围观者絮絮的吵嚷中，我大概了解了事情的前因后果——原来，小女孩经常在这个报摊周围转悠，馋巴巴地看着报摊上那些花花绿绿的杂志，却没有钱买。那天，她趁胖女人不注意，从书摊上拿了那本封面有一个金色小浣熊的画报便想跑，被胖女人发现了，被一把揪了过来。

胖女人说自己早就瞧她的眼神不对劲儿，果然是个小偷，非得把她的父母找来，让他们好好管教管教她。

小女孩小声地辩解着："我不是小偷，不是小偷，我要买那本画报。"

"买画报？你的钱呢？"胖女人一脸的鄙夷。

"我要回去找妈妈要，明天是我的生日，妈妈会给我钱买生日礼物的。"小女孩揉搓着宽大的衣襟。

"哼，小嘴还在撒谎。"胖女人摆出一副洞若神明的不屑。

"真的，我……我……我没有撒谎。"小女孩急得脸都红了。

这时，我径直走过去抱起小女孩，从她的衣兜里掏出十元钱，塞到她的手里，对她说："孩子，你怎么忘了，妈妈昨天就已经给你买书的钱了。"

"我……我……"举着那张崭新的钞票，女孩不无疑惑地望着我。

"孩子，快去把钱送给阿姨，说一声对不起，我们回家过生日。"我放下小女孩。

"你是她的什么人？"胖女人惊愕地望着我。

"我是她的舅舅，我可以证明她不是小偷，今天和明天她都不是，她只是太想得到那本画报了。"我郑重地一字一字地强调。

"就信你一回吧。"胖女人麻利地找零，我把那本小女孩心仪已久的画报交到她手里，抱着她昂然地走过众人注视的目光。

"舅舅，我不认识你啊！你怎么知道妈妈给我兜里装了钱？我早上起来掏兜时还没有呢，妈妈什么时候放进去的？"小女孩仰起灿烂的笑脸。

"可是我认识你啊，或许是妈妈太忙了，就让圣诞老人悄悄放进去的吧。"

"舅舅说得对，妈妈整天忙着收废品，特别忙，准是她让圣诞老人悄悄放进我衣兜里的。"小女孩欢快地跳起来。

接下来，我从小女孩的讲述中，知道了她叫小雪，她的爸爸因病去世后，她和妈妈相依为命，妈妈干过很多脏活累活，现在正和几个老乡合伙收购废品。妈妈说要给她攒钱，让她像城里的孩子一样去读书。

十二年后的一个夏夜，我随手打开电视，本省电视台一个很有名的访谈节目正在进行中。那天，坐在主持人面前接受记者采访的，是一个豆蔻年华的少女。作为本市今年的高考状元，她没有谈自己刻苦学习的经历，而是动情地讲述了自己六岁时的一件小事。

哦，是小雪。我的眼前立刻又浮现出那个早上她捧着画报时的神情。

果然是小雪。她讲完了故事，拿出了那本精心保管的画报，封面上那只憨态可掬的小浣熊，仍那样地惹人喜爱。小雪举起画报，冲着电视机前的观众，满怀感激地说道："就是这本洒金的画报深深地影响了我的人生，它让我永远地记住了一个简单而深刻的道理——无论是自己多么喜欢的东西，都要光明磊落地去获得，而不能找任何借口去玷污它。当年，那位好心的舅舅悄悄塞到我兜里的十元钱，不仅帮我洗去了'小偷'的污渍，还让我懂得了这世界上有那么多的真爱，就在我们的身边，我们每个人都会遇到。那天，当我向妈妈讲起这本画报的由来时，妈妈就叮嘱我，一定不要辜负了好心舅舅的关爱。"

真没有想到，当年极其偶然的一个小小的善举，对小雪竟会那样重要。

"现在，我要向那位至今不知名的好心的舅舅再次大声地说一句谢谢，谢谢您送给我的最珍贵的生日礼物。"小雪将那本画报抱在胸前，起身深鞠了一躬。那一刻，我看到主持人的眼里也盈满了晶莹的泪花。

哦，我也应该谢谢小雪，因为她，我才恍然发觉：纵然只是微不足道的一缕阳光，也会温暖风中的一枚叶片。每个人都不应吝啬爱的播洒。有时，即使是陌路人不经意间的一点点的爱，也会迸发出无比神奇的力量，诞生令人惊讶的美好。

## 心轻草亦香

他是一位赫赫有名的房地产大亨，公司的业务遍布国内几十个城市，身家早已过数十亿元。现在，他栖居于小兴安岭下的一个小山村，没有激烈的商场争斗，没有觥筹交错的喧嚷，没有马不停蹄的奔波，眼前只有郁郁葱葱的一脉青山和那条兀自潺潺的清溪，陪着他悠然地注目着日升日落。

自从儿子到欧洲留学、妻子前往陪读以来，离开了安眠药，他几乎无法入睡，即使有时身心特别地疲惫，他仍难以安然入眠。说什么也不会想到，一向达观的他竟患上了重度抑郁症。于是，他逃离了繁华的都市，来到这个僻远的林区一隅，住在村头小学同学家的一间闲置的小房里。

清晨，他在公鸡的啼鸣中醒来，踱到院前那丛牵牛花前，看着紫红色的花瓣上滚动的晶莹露珠，他禁不住伸出手去，想掬一捧淡淡的花香。

同学饲养的几只憨态可掬的大白鹅，很绅士地跟他打了一个招呼，便引领他朝村口那漂了莲叶的池塘走去。一路上，清新的空气拂面而来，让他惊讶地问同学："怎么连那些青草都有了馥郁的清香了？"

同学笑着："本来嘛，芳香的不只是花朵，青草也自有一股难言的香味。"

他不解:"那我以前怎么没有嗅到呢?"

同学慢慢地摘着裤脚沾着的苍耳:"以前,你的眼里塞了太多的东西,你的心里也被许多你认为重要的东西占据了,不要说是留意那些普通的青草了,就连许多美丽的花,恐怕都已经忽略了。"

他点头:"没错,朋友送给我的两盆名贵的兰花,我也没心情、没时间去照料,自然也就没有感受到它们那特别的美丽和芬芳。"

同学指着眼前的各种不知名的小草,慢条斯理地告诉他:"坐下来,静下心,仔细地闻闻,每一种草都有着自己的清香,淡淡的,裹着泥土的味道,也裹着花朵和露水的味道……"

他真的低下头来,伏在草丛间,认真地嗅了起来,果然像同学说的那样,那些平素不大注意的小草,真的散发着丝丝缕缕的清香。

午后,他和同学坐在院前的榆荫里,望着山坡上缓缓移动的两头黄牛和不远处那一畦茂盛的豆苗,慢慢地聊起了他们曾经的童年:那些在草地里撒欢奔跑的日子,那些快活地捕捉花蝴蝶的日子,那些挖野菜的日子,那些拣桦树枝的日子……那么多温馨而美好的细节,至今仍那样清晰地铭刻在记忆之中,随便的一个话题,就让思绪蓬蓬勃勃地飘荡起来。

他不由得感慨:"真的很奇怪,小时候,我们大家都没多少钱,却有着说不完的快乐;现在钱多了,却少了幸福的感觉。"

"是啊,那时候我们的心里没有什么负重,轻得可以飞起来,看什么都顺眼,做什么都舒畅,有一点点的收获就欣喜。"同学也赞同地慨叹。

"心轻草亦香",他的心底突然涌入这五个字,瞬间便把他的灵魂摄住了。

是的,心的重荷解除了,目光所至便不再浮光掠影,耳朵里也自然地多了许多细微的声响,鼻子也陡然灵敏了许多,连手脚所及也多了鲜明的感觉。心境变了,身边的世界自然也就变了,本来就清香徐徐的青草，因一份淡定的情怀而香浸肺腑，便也是再自然不过的了。

半年后，他的抑郁症不治而愈。再回到都市里，他将公司的业务进行了一番整合，把很多事情都交给了下属去打理，他不再过问许多原来害得自己劳累不堪的事情。腾出了大块时间，他便背着相机，悠然地拜访祖国的大山名川。无意间，竟成了有名的山水摄影师。

当有记者追问他，是如何在那些寻常的景物中，捕捉到了那极富诗意的一瞬。他坦言道："心轻草亦香，以淡泊的心态看红尘中的万事万物，自然会惊喜地发现很多美的景致。许多无价的东西，常常在不经意间信手拈来。"

没错，除去了心头的种种欲望和杂念，也就撤掉了许多遮蔽心灵的东西，以清爽的心境看生活，便自有许多真切的幸福，自然地涌来。

# 过时的明信片

在他上大二之前，他简直可以说是贫穷到了极点。

尽管学校免去了他部分学费，他也拼命地打工，但依然可以算得上学校里最"清贫一族"，穿的最寒碜，吃的最简单，兜里从来就没有过零花钱。说起来让人难以置信，大学两年里，他仅仅给家里写过两封信，原因只是为了节省邮资。每到春节来临时，看到同学们纷纷地向各地的朋友、同学邮寄漂亮的明信片时，他的心里总是非常难过，因为他连那最便宜的明信片也买不起。

大三开学不久，多年生病的父母实在撑不住了，陆续地住进了医院，高额的药费让家里的债台又增高了许多。好几次，他都想辍学去打工，可看看那些来自农村的打工族们在城市里艰辛的情景，他只能告诉自己——咬紧牙关，等到毕业再说。

正当他在为新学期的学费发愁时，一位毕业后在保险公司上班的师兄找到他，极力怂恿他去推销保险。受了师兄描绘的灿烂前景的吸引，更受了那低成本投入的诱惑，他听了一段免费的业务培训后，便开始走街串巷推销保险。

但一番艰辛过后，他并没有遇到期望中的成功。三个月过去了，他只卖出一份保险，仅仅赚了120块钱。那天，一位同学给他讲述美国著名保险推销商的成功经历时，提到其坚持给自己的客户邮寄写满祝福的明信片的情节。他苦笑——我连稿纸都买不起，哪里弄钱买明信片呢？

那天，他正点赶到辅导的那个中学生家里，才知道那个学生去学校补课了。学生的父亲正在整理书房，见他来了，便把学费给他结清了，告诉他以后不用过来了。他心里正有些黯然，忽然发现地上有两捆没用过的明信片。他不禁惋惜道："怎么没有邮寄出去呢？"

在某大公司宣传部门工作的学生父亲解释道："哦，那是两年前单位为了对外宣传印刷的一批明信片，没有发送完，剩下的便压到柜子底下了。都过时了，没用了。"

"没用了？太可惜了！"他目光紧紧地盯着那印制得很精美的明信片。

"你要是喜欢，都拿去吧，要不，我也得扔掉。"学生的父亲慷慨道。

"谢谢您！那我就全拿走了。"他把那足有三百多张的明信片抱到怀里，欢天喜地地跑回宿舍。

哦，他终于第一次有了明信片，这么多，而且附带邮资的，他只需填上地址就可以将它们邮寄出去。

花了整整一周的时间，他第一次向亲人、朋友、同学及他推销保险时拜访过的客户邮寄出了写满真情的明信片。每一张明信片上，他都认真地用小字缀上这样一句话——"我的明信片是过时的，但我真诚的问候和由衷的祝福永远不会过时。"

没想到，后面的事情竟出乎意料地变得那样美好起来——他很快就收到了许多回信，有好几个人主动找他咨询有关保险的事宜，听过他的认真解答后，其中两个老板欣然地买了五万元的保险，并帮他介绍了几个更大的客户，让他一个月便赚了5000多块钱，还有一家大公司主动提供给他一份报酬不菲的兼职，他困窘的生活由此发生了根本性转变。

再后来，他每年都要买一些当年的明信片，寄给熟悉或不熟悉的朋友。有时，也买一些陈年的明信片，他坦然地邮寄出一张张不同年份的明信片,因为他知道:只要祝福永远是新鲜的,明信片就永远不会过时。

如今,他已步入中产阶层,已完全有能力购买各种最精致的明信片,但他仍喜欢买一些被很多人视为过时的明信片,轻轻地抚摩着它们,他真切地感受到了一种温暖,是那样的真实而自然。

## 甘甜的不只是井水

在通往某旅游区的路旁，住着一位心地善良的老人。老人有一口井，据说打到了泉眼上，因而不仅水量充裕，而且特别地清澈、甘甜，来往的过路人喝一口他的井水，总忍不住要喝第二口。

在旅游的旺季，那些来自远方城市的大小车辆，总会在老人的小屋前停下来。那些游客中偶有一人喝了老人的井水，总会惊讶地大声地呼唤同伴快来品尝。

于是，众人就涌到老人的井旁，痛快地喝着井水，不住地赞叹，说那井水比他们随身携带的高级饮料还好喝，有的游客干脆倒了饮料，灌上井水；有觉得不过瘾的，就干脆装上满满的一壶，带到路上继续喝。

老人看着那些城里人畅快地饮着井水，听着不绝于耳的赞美，心里美滋滋的，嘴里不断地让着："好喝，就多喝点儿，这井水喝不坏肚子的，还治病呢。"

看老人如此热情，又听说井水还能治病，游客们喝得更来劲儿了。有不少人临走时，还没忘了用大壶小桶装得满满的，说带回去给家里人尝尝。

游客中有人就嬉笑说："老人家，喝你的井水，你应该收费啊。"

老人就摇头："喝点儿水，还收什么费呢？愿意喝，你们就管够喝。"

看到老人如此慷慨，很多游客就把身上带的好吃的、好喝的，争着、抢着往老人手里塞，说让老人品尝品尝他可能没吃过的城里带来的东西。

老人一再推让不得，就像欠了游客许多似的，忙着跑到园子里，摘些新鲜的瓜果塞到大家兜里，看着他们高高兴兴地吃着、喝着，他也兴奋得跟过年似的。

就这样，不知不觉过了好几年，老人和他的那口井不知接待了多少游客。

有一年，老人病了，被他的儿子接到县城里了，他的一个侄子来替他看屋。

游客又来喝井水了，他的侄子见此情景，觉得发财的机会到了，就灌了许多瓶井水，摆放在路口，标价出售。

奇怪的是，竟无人问津。

老人的侄子就埋怨：这些城里人真抠，光想不花钱喝水。游客们则议论纷纷：井水都拿来卖钱了，这人挣钱也真是挣绝了，再说他那瓶子干净吗？水里放别的东西了没有？……

于是，老人的小屋前，再没了往年热闹的场面，人们下车也只是方便方便，没人去讨水喝，更没有人给老人的侄子送东西了。似乎人们忘了或根本不知道眼前还有一口清泉，那清澈、甘甜的井水，足以让人陶醉。

老人病好归来后，又开始免费供应井水，游客前来喝水的又渐渐地多了起来，游客们纷纷地给老人带来很多物品，有的还很贵重，老人推都推不掉，还有不少人真诚地邀请老人去城里做客……

道理就这么简单：一样清澈、甘甜的井水，慷慨地馈赠，得到的是真诚的感激和酬谢，而一味地贪图回报，则收到的是无端的怀疑和必然的冷落。如那句俗语所言"送人玫瑰，手有余香"，多给他人一些滋润，自己也必将得到滋润。

本文入选海口市中考语文试卷

## 一念善心

一位文友告诉我,他喜欢世间所有美丽的花朵,高贵的,卑微的,艳丽的,淡雅的,长开的,转瞬的……那些兀自芬芳的生命,其实都怀着摄人心魄的善意。

一语惊心:能够从每一朵花绽放的美丽当中,读出怦然心动的善,该具有怎样慈悲的胸怀和独绝的慧眼?

我不禁想起了在《青年文摘》上读到的一篇人物通讯,其主要内容是这样的——

她是一位与丈夫离异的女子,也是两个女儿的母亲,说不清是由于某种难以抗拒的诱惑,还是因为沾染了毒品后的身不由己,加入了一个贩毒团伙,并成为了其中的骨干分子。后来,贩毒团伙成员悉数落网,她被判了15年的徒刑。

他是亲手抓获她的警察。在她那窘迫得令人心酸的家中,看到她的13岁和9岁的两个女儿眼睛里满是恐慌,他的心似被什么东西猛地刺了一下,柔柔的疼,让他眼角陡然一阵灼热。

没错,不幸的风暴,正猛烈地吹打两个蓓蕾般的女孩,她们随时可能会遇到难以想象的伤害。那一刻,他侠骨柔情,将兜里所有的钱都交到了她们的手里,留下自己的联系方式,掷地有声地告诉她们:"孩子,别怕,遇到什么困难,就告诉叔叔。"

其实,他只是一个极其普通的警察,他的妻子下岗多年了,在四处打零工,他还有需要赡养的老人和抚养的女儿。还有,他与两个女孩住在不同的两个省份,隔着上千里的路程。

他似乎有太多的理由,可以对那两个偶然认识的女孩不必过多地牵挂。然而,一回到家中,他便毅然决定,从此开始,每个月从自己微薄的工资里面,拿出200元钱,帮助那一对可怜的小姐妹。他还一次次致信当地有关部门,希望能够给她们多一些力所能及的帮助,为她们驱散心灵的阴霾,让她们多感受一些生活的阳光,希望她们像自己的女儿一样,成长的记忆里,多一些快乐的色彩。

就这样,怀着一份朴素的善意,十年间,他一直坚持寄钱、写信、打电话、探望……默默地帮助两个似乎与自己毫不相干的女孩,让她们在最艰难的日子里,依然有亲人般温暖的呵护,最终健康地长大,陆续考入大学。而他,那些年里,却俭省得出了名,生了病也舍不得花钱买药,一件洗出了破洞的衬衫竟穿了八年……

记者问他自己的生活如此艰难,怎么还会义无反顾地去助人,他淡然地回答:"当初看到那两个孩子渴望关爱的眼神,就觉得自己不能视而不见。"

原来,他数年如一日,将一份朴素的真情演绎得如此美丽,只是缘于那一念善心。

就像世间的许多大美,往往居于善的小屋。许多令人肃然起敬的英雄壮举,也常常起于一份小小的善意,那藏于心底的绵绵爱心,只因一个或许很不经意的偶然,便被自然地引发出来。譬如,骤然而至的一场灾难,街头偶然撞见的一幕不幸,甚至是阅读中碰见的一件苦难遭遇,瞬间便拨动了柔软的心弦,一颗心再也无法平静如初,自己无论如何再也不能袖手旁观,因为那些寒冷需要温暖,那些苦痛需要疗愈,那些孤独需要抚慰，那些忧伤需要拂去……一念善意，就像被春雨滋润的一粒花籽，立刻听从了那爱的召唤，欣然地钻出泥土，且静美地青翠，且恣意地葳蕤，纵情地绽放，如水中的莲，如谷底的兰，简单，自然，清纯。

  民国年间的大家李叔同，已经决意皈依佛门了，却依然念念不忘自己资助学生刘质平之事，甚至在出家前，仍在信中这样真情写道："余虽修道念切，然绝不忍置君事度外，此款倘可借到，余再入山；如不能借到，余仍就职至君毕业时止。君以后安心求学，勿再过虑，至要至要！"字里行间，弥漫的尽是人间烟火味的善心，更是大师无上的慈悲。

  一念善心，虽常常倏忽而生，翩然而至，看似如此简单明了，却不知其生于怎样的襟怀，内里藏着怎样的慈爱，又经历了怎样的人生修为。就像一株饱经沧桑的老树，即使静默无言，亦有着令人陡生敬意的美。

## 约你一起开花

那年，几位好朋友都考上了省重点，他只考入了一所普通高中，失望之余，他随手涂抹了一篇文章，宣泄心中的郁闷，没想到竟在《成才之路》上发表了，不久，他收到了几十位读者的来信，这其中就有薇薇的。

薇薇的文笔很好，读着她字迹娟秀的信，他的眼泪禁不住地流了出来——生活在云南一个僻远大山里的她，有一个不幸的家庭，父亲早逝，母亲又染上了糖尿病，家里欠了一大堆债务。要升初三时，品学兼优的她在老师和同学们的惋惜声中被迫辍学了，挑起了家庭的重担。可她实在太喜欢读书了，每次从校园旁边走过，她的目光里都充满了伤感和无奈……

薇薇的遭遇，叩动了他的心扉。在那个阳光灿烂的中午，他猛然发觉：和薇薇相比，其实自己还是很幸福的，他所碰到的一点点的挫折，实在是不值得一提。

那个下午，躲在小屋里，他第一次很认真地给一个陌生的女孩写信。他字斟句酌了许久，才写完那封带着关心和期待的长信。在信里，他热情鼓励薇薇勇敢地面对生活中的不幸，他愿意尽全力帮助她实现重返校园的梦想。

他把第一笔稿费和积攒了几年的压岁钱全都寄给了薇薇,并和她相约——我们要一起拿起手中的笔,写下青春不败的诗文,用挣来的稿费完成一样优秀的学业……

很快,薇薇的回信就到了。一枚漂亮红树叶做的书签滑落在案头,在那生动的字里行间,他读到了她坚强的心声。那一刻,他真切地感到东北与西南相距已不再遥远,因为两颗年轻的心灵贴得很近很近。

薇薇说她本不应该接受他这个中学生资助的,可她太想上学了,便用他寄去的钱交了学费,又回到了校园。

他连忙去信安慰她,说等她将来挣钱了,可以再还他的,让她现在只管安心地读书就是了。他还特意夸大了一番自己的家庭收入,让她觉得他帮助她一下,不过是举手之劳。后来,他还断断续续地给她寄去一些学习资料和书籍。

他和薇薇的通信都是秘密进行的,他们约好了每月通信一封。自从和薇薇通信以后,他的心情一下子好起来,整天乐呵呵的,做什么事情都很有热情,学习更勤奋了,生活更俭朴了,成熟得让老师和家长都惊喜不已。他们不知道,他心里藏着一个秘密——他要和远方的薇薇比赛着优秀,他还要尽力帮助她完成学业。

其实,他的家境也很一般,父母都是普通的工薪阶层。为了更好地帮助薇薇,学习之余,他充分发挥自己的写作特长,把所有的业余时间都花在了写稿上了,频频地向报刊投稿,文章接连不断地发表出来。他告诉父母他的稿费存起来准备上大学用,实际上全都邮给了薇薇。

不久,薇薇在他的指点下,也开始给杂志写稿。当她的第一篇文章发表后,他和她一样整整好几天都沉浸在喜悦之中,他们一同开始憧憬起美好的未来。

高一期末考试,他考出了上学以来最好的成绩——名列年级第三。爸爸妈妈高兴地要给他一份奖励,他选了一台售价 300 元的二手电脑,只是为了方便写作。

薇薇很聪明，每次考试都是年级第一，她在写作方面也后来居上，她的各类文章频频地出现在报刊上，还连着获了三次征文比赛奖，被评为当地的"十佳校园作家"呢。她不让他再给她寄钱了，她说她可以用稿费供自己读书了。

可他依然给她寄钱，他说自己暂时用不上，可以用这些钱给她妈妈买点儿药，把病治一治。

因为一篇文章、一封信，他们开始用真诚编织纯洁如水的友情，他们一起走出了花季中的烦恼，走进了一块亮丽的天地，成为一对不曾谋面却心心相印的好朋友。如今，他马上要高考了，她也要升入高三了。他们一起满怀信心地相约——在大学里相见。

另外，他们还有一个美丽的约定——待时机成熟，他们将合出一本作品集，书名就叫《约你一起开花》。

没错，因为有了这一份美丽的相约，他们青春的岁月里注定将有许多难以忘怀的情节，他们成长的路上才有了那么多动人的故事……

## 第七辑
## 万人给的掌声，
## 　　不及你给的一个拥抱

此去经年，世事沧桑，那么多苦辣酸甜过后，蓦然回首，我惊愕地发现——自己常常在迷恋那些远方的巨星时，忽略了始终陪伴自己的近处的星光。万人送给我的那些赞许的掌声，远远赶不上你在我最需要的时候，送上的那一个最贴心的拥抱。

## 你的美，我知道

很偶然地，我闯入了一个专门祭奠亡灵的网站，上面有很多修葺得漂亮而肃穆的墓地，人们随时可以祭奠逝去的亲人，可以方便地烧冥币，可以从容地献花，还可以自由地书写留言……我的目光缓缓流过那些别致的墓志铭和那些怀念性文字，品味着那些长长短短的真情告白，一个个曾经鲜活的生命，便自然地穿过文字，清晰地朝我走来。

蓦然，我游走的目光定格在一块洁白的墓碑上。逝者是一个叫天天的小女孩，她在人间只生长了五个春秋，便蓓蕾般地凋谢了。墓碑上那张精选的照片，怎么也看不出女孩的漂亮，倒是很容易看出明显的丑小鸭的味道，而年轻的母亲为女孩撰写的碑文，却惊雷般地将我震住——"你的美，我知道。"

是不是出于母爱，她才这样自恋地赞叹自己并不美丽的女儿？怀揣着好奇，我开始阅读她近一年来断断续续写下的那些深情盈盈的文字——

天天，我美丽的女儿，你是樱花绽开的三月睁开好奇的双眼的，迎接你的是明媚的春光，是爸爸妈妈整天都合不拢嘴的笑。

然而，我们一家的幸福很快被拦腰斩断，天天，你三岁那年，竟得了医学界至今仍棘手的不治之症。你不知道，爸爸妈妈捧着那冰冷的诊断书，那种刀割的感觉，是多么地痛苦。

我们抱着你辗转国内各大著名医院，带着奇迹出现的渴望，却只能一次次地黯然离去。天天，我们眼睁睁地看着你要离我们而去，我们却只能无助地祈祷上苍。

天天，你那么聪明，只住了两次医院，你就好像完全明白了自己的病情。有一天，你还像一个小大人似的，认真地跟我探讨起是否有来生的问题。

天天，你那么坚强，注射刺激性很强的干扰素时，你疼得直咧嘴，却还一副毫不在乎的样子，说你能够挺住，甚至在你刚刚剧烈地呕吐完了，泪花还在眼眶里面噙着时，你还安慰我说，等睡一觉醒来就好了。

天天，你那么爱美，瞅着小小的白色病服，你跟护士阿姨建议上面应该绣上漂亮的卡通图案；对着镜子，你自己梳理那脱落得稀疏的头发，一次次努力想别住那个红色的蝴蝶发卡。

天天，你是一个文静的女孩，一本画报可以让你静静地翻阅几个小时，一堆积木可以让你悄无声息地摆弄半天。

天天，你是一个喜欢劳动的女孩，拎着小喷壶帮我浇花，坐在小板凳上帮我择菜，举着掸子帮我给衣柜除尘……每次看到我干活儿，总要插插手，总要帮我分担一点点。

天天，你画的草地真漂亮啊，那么多鲜艳的小花，还有会跳舞的小兔子，会唱歌的风筝……你想象的世界绚丽、美好。

天天，你还会写诗呢，比如，你说小溪想妈妈了，就去找大海，大海想小树了，就变成雨水回来了；再比如，你说妈妈的爱像头发那样多，你总也数不清。多好的诗句啊，连学中文的妈妈都惊讶了。

天天,你的眼睛有点儿小,可我看到了一泓澄净的湖水;你的嘴有点儿大,可我觉得特别像那个现在正火的影视明星;你的手掌有点儿厚,可握在我的掌心里,软软的,感觉特好;天天,你的龋齿生得真逗,左一个,右一个,很对称。

天天,你多么地美,只有我最知道。

天天,想着你的美,爸爸妈妈的心里都是暖暖的。

天天,说说你的美,爸爸妈妈更懂得怎样热爱生活了。

天天,谢谢你给我们留下了那么多的美,让我们每每提及有关幸福的话题时,我们总可以自豪地说,曾经和现在我们都很富有……

读着读着,我的眼睛湿润了:原来,每个孩子都是绽放在母亲心头最美的花朵,都在接纳着母亲博大而深邃的爱。"你的美,我知道。"简简单单的话语,却蕴藏着回味无尽的隆情厚谊。

## 父亲是"蜘蛛侠"

我在医院里见到了创造奇迹的他。四十多岁的他躺在病床上,胳膊和腿上缠满了绷带,带着劫后余生的惊悸和庆幸,他向我讲述了自己的故事。

他的家在西北黄土高坡上,就像那首著名的歌曲里所唱的那样,大风经常从他家门前刮过,坡上的那几亩薄田的收成,根本养活不了一家人,他便只好离开腿脚残疾的妻子,一个人跑出来打工赚钱。他的大女儿已嫁人了,家里还有一个六岁的儿子。

他说他很喜欢上海这座现代化的城市,那些向蓝天伸展的高楼大厦特别有气势,以前他只在电视里面见过成片的楼房。没想到自己曾经长年劳作于农田,进城务工后给这个城市擦擦脸,美美容,体验一下当"蜘蛛侠"的感觉。

我问他怎么选择了高楼室外保洁这个高危险的工种,是不是他从小就喜欢攀高。

他憨憨地笑了,说自己其实以前患有严重的恐高症,刚进城时,给人家扛液化气罐,爬上七层楼,他都不敢从阳台上往下看。

我惊讶了:"那你后来怎么还能爬到那么高的楼顶,还能把自己悬在半空中,一干就是好几个小时?"

"主要是为了赚钱，找工作太难了，只能硬着头皮上呗。"他说得淡然。

"第一次上去肯定吓坏了吧?"我想知道他是怎样克服恐高症的。

"确实是那样，第一次把自己捆绑好了，被同伴从楼顶慢慢地续下来，我贴在窗框上，紧张得心都快到嗓子眼儿了，我一点儿也不敢往下瞅，只盯着上方和面前的玻璃窗，没干上一个小时，我就快虚脱了，不是累的，是吓的。被放到地面上，好长时间了，我还晕晕乎乎的。"他讲得很简短，但我还是能够感受到当初的情形。

"那后来怎么越爬越高的?"我知道他这次受伤是攀上了150米的摩天大厦。

"那得感谢我儿子，是他让我变得越来越勇敢了。"说起儿子，他语气里充满了骄傲。

他告诉我，他儿子特别聪明，一天幼儿园都没上过，刚刚六岁，就能认识五百多个汉字，还学会了用拼音查字典，自己能看懂不少书，还会给他写信。儿子问他在城市里干什么活儿，他说是给那些高楼除灰尘，儿子说那叫城市美容师，他还是头一回听到"城市美容师"这个美称，觉得儿子真有文化，虽然还没上小学，却比他强多了，他一定得多赚钱，让他好好读书，不能再像他姐姐那样因家贫而早早辍学，嫁了人还是过苦日子。

后来，儿子听村里回去的一位打工的人描绘大上海的楼多么的高，就写信给他，问他是不是像"蜘蛛侠"那样悬在半空中干活儿，那可是太棒了，儿子告诉村里的小朋友，说自己的爸爸是一个"蜘蛛侠"，儿子可自豪了。

他在城市里见过"蜘蛛侠"的电影海报，也曾羡慕过"蜘蛛侠"的高超本领，可他不行，他不能像"蜘蛛侠"可以快速地徒手攀上那么高的大楼，他系了安全带，还浑身打战呢。然而，儿子却认为他是"蜘蛛侠"并以此为骄傲,他怎么可以让儿子失望呢?于是,他豁出去了,不就是登高吗?不就是悬挂半空吗?别人能做到的,自己也能做到。这么一想,他就无所畏惧了,并且很有些悲壮地坚持下来了。终于,他成了一个可以自豪地向儿子讲述攀高劳动的"蜘蛛侠"。当然,这期间他也经历了许多别人不知晓的艰难和危险。有一次,他一恍惚,眼前一黑,差一点儿从二十多米的高处摔下来。

我恍然明白了,原来他冒着危险,克服恐高症,爬到高楼的外端,仅凭着一根保险绳,将自己悬挂在墙壁上,做一名"蜘蛛侠",不只是为了赚一份薪水,还为了给远方的儿子赢得一份自豪。

我问了他那天事故发生时的一些细节。他告诉我,在他登上150米高的楼顶,反反复复地检查过,在确认一切准备妥当后,他才开始用滑轮一点点地往下放自己。没想到,突然刮过的一阵疾风,让保险绳牵着他在楼壁上大幅度地摇摆起来,腿一下子撞到了那个室外空调上,他疼得一晃荡,整个身子向后倾倒,头撞在了墙上,手松了一下,上面的滑轮转速陡然加快,带着他快速向下滑去。

慌乱中,他想起儿子说过"蜘蛛侠"的眼睛里只有高处,懂得只有自己才能帮助自己。而那一刻,他只想着一定要活下去,要告诉儿子他也是一个很棒的"蜘蛛侠"。谢天谢地,在快速下滑了六十多米后,他腾出一只手死死地抓住了一扇窗框,并忍着伤痛等来了救援人员。

"出院以后,你还会从事那项工作吗?"我望着经历了那场生死考验的他。

"当然还会去做,我不会做一个逃兵,不能让儿子失望啊。对了,请你不要在报纸上登我的名字,也不要发我的照片,我不想让家里人为我担心。"他向我提出了这样的请求。

"你真是一个好父亲!"我敬佩地向他竖起了大拇指。

他嘿嘿地笑了:"我儿子也一直这么说,其实,我就是一个进城打工的老农,也没什么大本事,普通得很。"

然而,在我的心目中,他却是一个比"蜘蛛侠"还令人肃然起敬的英雄,是一个叫人心生感动的好父亲。

## 流泪的散沫花

那是一个寻常的秋日,阳光静静地洒在利比亚的边境小镇德希巴。

哈桑老人踉踉跄跄地走出低矮的房门,颤巍巍地走到大门口,青筋暴起的手,缓缓地抚摩着那用两枚炮弹壳做的花盆,微眯着眼睛,看着里面栽种的三株散沫花。似乎那美丽的花瓣,正散着美妙的香味。

那炮弹壳是儿子德萨四年前从山谷里捡回来的,散沫花也是他亲手栽下的。那年,他刚刚十五岁,长得黑瘦,还有些木讷。但是,哈桑记得德萨说过,散沫花又叫指甲花,花和果实都是上好的染料,他还说等花开了,先给母亲的指甲染漂亮了。

哈桑开心地笑了,她知道儿子会做得很棒,尽管儿子的音容笑貌,在她最清晰的记忆中,永远地停留在了他三岁时。她在黑暗中已摸索了十二年,因为白内障。

她没想到,德萨把散沫花栽下没多久,便在一个雨夜,被一伙拿枪的人连哄带吓地带走了,从此再没回来。在她心中,德萨还是一个需要她照顾的孩子呢。

散沫花开出了淡淡的小花。德萨托人捎信回来,说他加入了一支为和平而战的队伍,说他现在能吃饱饭了,还胖了一点儿,叫她不用牵挂他,只管在家里安心地等他回来。

儿子信里说的很多话，哈桑不明白，因为那些话像广播里说的那么冠冕堂皇。她清楚，儿子的智商明显地低于同龄的孩子，他学说话晚，十岁才去学校，但只念了两个月的书，因受不了小朋友的嘲笑，加上家里又没钱，他就辍学回家了。那信是别人代写的，有些句子，她得慢慢咀嚼，才能似懂非懂。所以，她恳请邻居替她将那信念了一遍又一遍，才宝贝似的将它塞到床底下。

德萨走后，哈桑经常失眠。聪明、健康的孩子出去当兵，家长都要牵挂，何况儿子还是那个样子。只是，她不能把担心说出来，她还要骄傲地告诉邻里乡亲，她的儿子自立了。

那天，哈桑对着散沫花又说起了心里话。自从德萨离开家以后，她就习惯了和散沫花说话，似乎它们懂得她的心思，能够看得到她的喜怒哀乐，尽管它们始终默默无语。而她，更懂得它们的心思，她与它们可以无话不说。

其实，家里还有一个叫阿莎的女儿。只是阿莎先天痴呆，比德萨还大两岁，却一直需要她照顾。德萨在家时，哈桑可以轻松一些，他一离开，阿莎频频惹祸，先是被开水烫伤了大腿，无钱医治，变成了一个瘸子。接着，她又玩火，把家里的草房点着了，差一点儿把母女二人活活烧死。

最令哈桑难过的，是在她午睡时，阿莎淘气地将三株开得正盛的散沫花全从炮弹壳里薅出来，将它们摊在阳光里曝晒。

待哈桑发现，赶紧将它们重新栽回去，还新填了些沙土，浇了水，心里默默地祈祷上苍，让它们重新活过来。

那天，哈桑第一次狠狠地打了女儿两巴掌。打完了，她便抱着女儿一起不停地流泪。

还好，在她精心呵护下，那一株已发蔫的散沫花，又恢复了生机。

令哈桑感到忐忑不安的是，德萨的信断了快两年了。儿子最后一封信里，说他奉命去执行一项重要任务，如果有机会路过家门，他一定回家看看母亲，看看自己栽的散沫花长多高了，开的花多不多。他还说，他回家要做的第一件事，就是给母亲染指甲。

哈桑相信儿子的话，更相信自己涂了散沫花的十指，一定会很漂亮。独自的时候，她就幸福地想象着那个甜蜜的时刻——德萨怎样细心地给她涂指甲，自己又怎么用那漂亮的十指，温柔地抚摸着德萨和阿莎那泛黄、卷曲的头发，再把他们一一地搂在怀里，听着他们年轻的心跳，嗅他们身上各种好闻的味道，汗味、草味、沙土味……

十年前，她差一点儿随丈夫一同在那场车祸中离开人世。她本来已被放进棺木里了，可固执的德萨哭叫着不让下葬，或许是他太想留住母亲了，不相信她会撇下他和姐姐。而奇迹，真的就发生了，就像那晒蔫的散沫花，昏睡了一整天后，她竟又活了过来。

有人感叹哈桑的命真大，她却轻描淡写道："我是母亲，还有两个需要照顾的孩子，单是为了孩子，我就得努力地活长一点儿……"

尽管医生早就宣布她患了严重的心脏病，需要住院治疗，可是，生活始终拮据的她，只是服用过一点点廉价的草药，从未到医院住过一天。她曾两次突然晕倒，不省人事，最终都顽强地从死神那里挣脱出来。

她笑呵呵地告诉邻里，她还不能死，她还得等着儿子回来给她涂指甲，还要帮他娶媳妇，何况女儿也离不开她啊……

然而，她最终没能等到儿子回来。那天，她像往常一样，慢慢地采着散沫花。忽然，她眼前一黑，便一头栽倒在地上。这一次，她没能奇迹般地苏醒过来。

哈桑不知道，其实一年前，德萨就在执行任务中遇难了。

但愿，在另一个世界里，她能够遇见朝思暮想的儿子，欣然地将捧在手里的散沫花瓣递给他，微笑着摊开双手，慈爱地望着这个四岁才开口喊妈妈的儿子，看着他将自己的十指涂得漂漂亮亮……

在利比亚的很多地方，都能见到美丽的散沫花。可是，我却愿意将那一株散沫花叫作母亲花。听到去利比亚旅游的朋友向我讲了哈桑老人的故事后，我立刻有了这样的命名冲动。我相信，天堂里的德萨会同意的，人间的阿莎也会同意的。

# 奇迹的名字叫父爱

那是青葱的少年时代，极其偶然的一天，他从广播里听到了美妙的钢琴曲。就在那惊雷般的一瞬，他心中涌起了一个强烈的愿望——拥有一架钢琴，弹奏出震撼心灵的乐曲。

然而，直到 60 年代两个女儿出生后，家境始终清贫的他仍没有机会弹钢琴，拥有自己的一架钢琴，那更是近乎天方夜谭的奢望了。但梦想的种子已经播下了，开花与结果的景象，已经无数次地在他脑海中浮现。每一次，都像那首雄壮、激越的《命运交响曲》，重重地撞击着他不甘放弃的心灵。

他要让女儿从小就能在那黑白键上弹出清泉般的旋律。那年他 25 岁，上有老下有小，他每月的工资只有 60 元，而当时最便宜的一架钢琴也要 1200 元。于是，一个令人不可思议的想法，紧紧地攫住了心——没技术、没设备的他，决定要用手工为女儿做一架钢琴。

一架钢琴仅仅击弦机上便有 8000 多个零件，需要 100 多道繁杂的工序，从没有见过钢琴制作图纸的他，经常去文化馆、歌舞团，想方设法地偷偷描画钢琴的结构图。

接下来的困难更是令人难以想象，没有钱是一个大问题，在那个物资高度匮乏的年代，购买很多今天看来极为日常的东西，都得凭票，而像钢材、铜丝这类的紧缺物资就更难搞到了。

但他没有被难倒，困境逼迫他想出了种种"补救"的办法：用废旧自行车轮里的钢丝、日光灯镇流器里铜丝做琴弦，用家里的门条做琴架，用鞋带做连接击弦机的带子……为了早早地做出第一架钢琴，他起早贪黑地忙碌，用了一年多的时间，他硬是做出了一架有60个键的缩小版的简易钢琴。

当好听的音乐从木头键盘上流淌出来时，他和女儿都甜甜地笑了，尽管他的手掌上满是带血的伤痕。

这时，他没有满足于周围人们的敬佩，又开始琢磨纯靠手工做一架有88个键的标准钢琴。诸多无法想象的难题一个个地摆在他面前，依然缺少资金、缺少原材料，更为繁杂的工序和需要精细的零件加工，和时不我待的紧迫感，都在考验着他……累得眼花了，双手一次次受伤，最厉害时连骨头都露出来了。可他从未想到过放弃，他的心头一直回响着美丽的钢琴曲。

整整八年过去了，他的梦想最终如愿成真。带着厚厚茧花的十指抚过那排流动出动人旋律的琴键，他自豪地笑了，一如曾经翩翩的少年。

受他的感染，他的三个女儿钢琴演奏水平都很高。如今，大女儿在澳门从事钢琴教育工作，二女儿正留学日本，主修音乐。

他的名字叫王开罗。2008年6月，65岁的他将凝聚了自己无数心血的亲手制作的钢琴，捐赠给了深圳市博物馆。当人们打开琴盖，看到那庞杂、纷繁的结构时，无不由衷地赞叹他非同凡响的手工传奇。

一位音乐家抚摩着这架特别的钢琴，深情地说了一句——这是一位伟大的父亲创造的奇迹，这架钢琴凝聚着远比音乐还要神奇而伟大的力量。

没错，那是一位父亲让梦想开在手掌上的奇迹，奇迹的名字，叫父爱。

# 因为她是母亲

在他三个月大的时候,他便被母亲扔到了一个无名小镇的候车室里。

一位年过五旬的清洁工收养了他,家境本来就十分清寒的养母,为了把自小便体弱多病的他拉扯成人,真是吃尽了苦头。有好几次,他差一点点就被病魔夺走了生命,但他最终还是活了下来,并考上了省城的一所大学。后来,他在商海中几经沉浮,终于打出一片灿烂的天地。而曾给予他百般疼爱的养母,却在刚刚看到他成功之时,突发脑溢血猝然离去。

独自一人的时候,他常常对着养母的遗像,久久地沉默无语,内心汹涌的是无法挥去的巨大伤痛。

养母去世三年后,他开始四处寻找生母。历尽了许多周折,他终于见到了无数次在想象里描摹的生母。而此时,干瘦、苍老的生母,已精神失常多年了,已经无法认出他这个突然出现在面前的儿子了,只是对着他傻傻地笑,笑得他心痛。她的另一双儿女,也就是他的哥哥姐姐,作为那个偏远小县城郊区普通而穷苦的平民百姓,这些年来的日子一直过得十分艰难,根本没有能力为母亲看病,甚至连母亲简单的生活都照顾不好。

是他的诚恳和坚持,终于说服了哥哥和姐姐等人,让他将母亲接到了省城，并专门为她请了一位全职保姆。他还停下手头的工作，带着母亲辗转了省内外的多家医院，虽然母亲的病情始终依然未见好转，还不知道身边这个对她如此孝敬的男人就是她的亲生儿子，可他仍不愿意放弃继续医治的努力，只要有一线的希望。他常常在互联网上搜寻国内外的类似病例，搜集各种治疗精神疾病的偏方和秘方。渐渐地，谈起精神疾病患者的治疗和护理问题，他竟然说得头头是道，俨然已是这方面的专家。

初秋的一个周末，他牵着母亲的手从江滨广场上走过，一个小女孩手里放飞的漂亮风筝吸引了母亲的目光，她急急地奔过去，吵嚷着要小女孩的风筝。他环顾四周，偏偏这里没有一个卖风筝的。他红着脸，走到小女孩身边，恳请小女孩把风筝借给他母亲放一会儿。玩得正在兴头上的小女孩，看到正朝自己伸手的老太太那直勾勾的眼神，本能地边向后退着边拒绝道："叔叔，我好容易才把风筝放这么高，等我再玩一会儿，才能借给你玩。"

可是，母亲这时却任性得像个不懂事的孩子，偏偏非要小女孩的风筝，恨不得立刻就拿到手里。他只得满脸堆笑地再次蹲下身来，对着小女孩的耳朵轻声请求道："小朋友，今天是我妈妈的生日，我想让她高兴一回，请你帮我一个忙，好吗？"从来不撒谎的他，竟然对一位七八岁的小女孩谎称母亲今天过生日，他能明显地感觉到自己脸上的羞愧。

这时，小女孩的母亲从不远处走过来，他又把同样的请求向其重复了一遍。小女孩乖乖地听了母亲的话，将风筝线盘交到了他母亲手里，老人便孩子般欢喜地仰望着头顶的风筝，嘴里念叨着别人听不清的话语。

他与那位小女孩的母亲边看着老人放风筝边闲聊起来，当得知他就是本市赫赫有名的企业家时，那位年轻母亲很惊讶地问他："记得曾读过一篇报道，说您自幼便被生母遗弃，是养母含辛茹苦将你养育成人的，这位就是您的养母吗？"

"不，她是我的亲生母亲。"他的口气里满是自豪。

"你的生母只是给了你生命，几乎没有给你什么帮助，你能够尽一点孝心就行了，为什么还要这样对她百依百顺呢？何况她现在连您这个儿子都认不出来呢。"年轻的母亲眼里涌起一抹困惑。

"因为她是母亲，养母曾经告诉过我，即使母亲抛弃了我，那也肯定有她的理由。"他的眼里盈满了真诚，"作为儿子，我必须给母亲最多的爱。"

"因为她是母亲"，年轻的母亲把这句话又默默地重复了两遍，心底陡然涌过一股莫名的暖流，一如秋日的阳光温暖地拂过。蓦然，她将小女孩紧紧搂在怀里，满怀的敬慕投向了身旁这位跟着母亲亦喜亦忧的著名企业家。

是的，因为她是母亲，无论她曾付出了多少，无论她有过怎样的对和错，她都理应得到儿女们最慷慨的爱的回赠。

## 沉重的十块钱

要是他的生日在寒暑假里，那该有多好啊。

可他的生日偏偏在开学后的第二个星期，这时候每个同学的兜里都揣着不少钱，即使像他这样的贫困户，也有两个月的生活费。

他们寝室早已有了不成文的规定，谁过生日都得请大家到饭店吃一顿，他已逃过两次了，在中专读书的最后一个生日恐怕躲不过去了。因为大家从开学那天起，就在念叨着，就已经开始了倒计时。

那天早上，咬咬牙，他故作潇洒地一挥手，宣布晚上带全寝室的哥们儿去那家酒楼大餐一次，他的兄弟们"乌拉"地叫喊着，像中了大奖似的，全然不顾他心里有多么地难过。

晚上，八个人围着一桌丰盛的菜肴，举杯畅饮。看着大家痛快地帮他把两个月的生活费轻松地消灭掉，他心里一边暗骂着这些好吃好喝的室友，一边为自己寒酸的家境伤感。

也许是心情抑郁的缘故，没几杯酒下肚，他便开始有些头晕。等大家喝到高潮，有人提议去歌厅唱一会儿歌，他当时恨不得使劲儿踹一脚那个提议者，因为他兜里的钱实在不多了。

可他最后还是跟着大家进了歌厅。等往学校走的时候，他的钱已花得只剩下几块零钱了。

第二天早上,醒过酒来,摸摸干瘪的口袋,他开始有些懊悔自己昨晚不该那样逞能,不该死要面子活受罪,可钱已花出去了,没法再追回来了,他只能琢磨怎样把眼下的日子熬过去。他不想立刻向同学们借钱,怕大家会因此更瞧不起他。

忽然,他想到父亲刚刚来到他读书的城市打工,也许……他忐忑不安地来到那个搬家公司。不巧,父亲出去干活了,等了一个多小时,父亲仍没有回来,他的肚子已经饿了。在马路边,他看到两个啃着干粮焦急地等着被雇去搬家的乡下人,他们竟有点儿羡慕地说他父亲今天找到活儿了,并告诉了他父亲干活的具体地点。

倒了两次车,顶着炎炎烈日,他拖着沉重的脚步,七拐八拐,他终于来到一个新建的住宅小区。

他快步走近那栋楼,看到父亲正背着一台冰箱小心翼翼地一点点地慢慢挪动着上楼,父亲瘦弱的身子好像背负着一座大山,压得他几乎佝偻成了直角。他过去想要帮父亲一把,父亲喊住他,不让他插手,怕他掌握不好平衡,碰坏了人家的冰箱。

从坐在车上的司机口中,他得知父亲和另外两名搬运工,花了整整一上午的时间,从另一个七楼,把两货车大大小小的东西搬了下来,再一趟趟地扛上这一个七楼。平均每个人得上下五十多次,还得保证不碰坏雇主一点儿东西,才能拿到十块钱的报酬……

待父亲从楼上走下来时,他看见他的上衣全都被汗水湿透,头发湿漉漉的,像是刚刚洗过一样散着热气,嘴里呼呼地喘着粗气。

看到已经五十岁出头的父亲,还要干那种许多年轻人都吃不消的繁重的体力活儿,而他……一想到在来时路上,他精心编好的向父亲要钱的堂皇的理由,他感到自己的脸似被猛地抽了一巴掌,火辣辣的。他垂着头,没有回答父亲问他为什么来找他,只说了一句来看看父亲,便转身跑开了。听到父亲在身后喊他,可他不敢回头,他的眼泪已经模糊了双眼。

傍晚，当他心情沉重地回到寝室时，同寝室的一位同学交给他一张揉搓得有点儿皱巴的十元的钞票，说是他父亲下午送来的，父亲还让那位同学转告他——要吃饱饭，别着急，他明天还有活儿，还能给他挣钱……

攥着那浸着汗水的十块钱，他禁不住放声大哭，同寝室的同学惊诧望着他，不知究竟发生了什么事情。

后来他才知道——在那个劳动力严重过剩的城市里，像父亲这样没什么技艺的农村来的打工者，即使找一份那样出苦力的活儿，也是相当不容易的，那十元钱是父亲来到这个城市挣下的第一笔钱。为了省下五毛钱的公共汽车票，干了一上午重活儿的父亲，硬是走了半个多小时的路才匆忙赶来。父亲猜想他肯定是兜里没钱了，才去找他的。

不久，他找了一份家教，边打工边上学。从那以后，他学习特别刻苦，每学期都拿一等奖学金，生活极节俭，再也没有胡乱花一分钱。

父亲那天亲自送来的那十块钱，他一直没有花，一直放在贴胸口的内衣兜里，因为那是在他成长的岁月中，父亲送给他的一份沉重而珍贵的礼物。每当他看到它，他就仿佛看到了父亲那双关切的眼睛，那里面藏着只有他才能读懂的深邃的内容……

## 不为儿子骄傲的母亲

母亲是个普通得不能再普通的农村妇女,识不了多少字,田里、家里的活儿,做得也很一般,但有一样是很特别的,那就是对子女的期望总是很高很高,在她眼里,自己的孩子理应是最出色的。

读小学时,我就常常得双百分,每当我雀跃着拿着成绩单给母亲看时,她至多是扫上一眼,淡淡地说一句:"知道了,别骄傲得翘尾巴啦。"至于奖励,那是一点儿也别指望。这还不算,当左邻右舍的叔叔婶子们见了面夸奖几句时,母亲总是不以为然地回一句:"小孩子家,吃得饱,穿得暖,又不干什么活儿,得个双百分还不是应该的?"

上中学了,家里困难,不能给我买自行车,我要用我的两片脚板一步一步地量那十多里的山路。每天天刚蒙蒙亮,我就背上干粮上路了,要花掉一个多小时,才能赶到那所无电、无水的简陋得不能再简陋的乡中学。

风里来雨里去,我备尝求学的艰难,更加用功了。三年后,我以超出录取分数线三十多分的成绩考上省重点校——县城一中,并且是乡中学四年来唯一考取县城一中的。要知道,进了一中,就意味着半只脚已跨进大学的门槛,对母亲而言,则意味着她期望儿子走出山村的梦想就要成为现实。

拿着录取通知书，父亲满脸的喜悦无法掩饰，大声地提议摆两桌，请亲戚朋友来庆贺一下，母亲却摇头道："这刚哪到哪，只是去县城读书罢了，没啥值得太高兴的。"母亲的一瓢凉水兜头浇下来，让我心里很是不服气了一阵子，私下里直埋怨母亲的心太高，一点儿也不为儿子骄傲。慢慢地，我就暗暗地告诉自己：一定要考上一所名牌大学，让母亲为我骄傲一次。

高中三年，我勤奋异常，体格一向不错的我，甚至累昏过一次。功夫不负有心人，黑色的七月过后，我终于拿到了北京那所著名大学的录取通知书。整个村子都沸腾了，因为我是全村有史以来第一个考上大学的，而且是去北京上学，连乡长都来祝贺了。好多人都建议这回可要好好庆祝一下，父亲也开始张罗着要好好操办一下，但最后还是让母亲给推掉了，她说还是省了钱，让孩子好好念书吧。其实，我知道母亲心疼钱是假，她只是不愿意太张扬了，可我在心底里却更加深信母亲是不为儿子骄傲的。

四年的大学生活，我又拿了不少的奖，父亲和亲属们都感到面子上很光彩的，唯有母亲每每总是淡然处之，似乎我所取得的一切成绩，都不过是极其平常的，根本用不着夸耀。

待到我写了许多文章，成了省作家协会的会员，母亲依然如此。终于有一天，我按捺不住了，问母亲真的不为儿子骄傲吗？

母亲依旧淡淡道："你觉得你很优秀了，其实你只不过付出努力，你所取得的成绩是理所应当的。"

我还想辩解，但母亲转身忙自己的事去了，留我在那儿呆呆发愣。

今年的春节，当我将新出版的散文集拿给父母看时，我看见母亲的眼里闪过一丝惊喜，只是口中仍平淡地告诉我还得继续努力。

母亲去了厨房，父亲跟过去，悄声问她真的不为儿子骄傲吗？母亲轻声却掩饰不住喜悦道："哪里的话？我不夸奖他，只是不想让他沾沾自喜,让他更努力些,做得更好些……"

至此,我才恍然明白了:在母亲的内心里,她一直在为儿子骄傲着,只是她选择了那样一种看似淡然的方式。

我真的要感谢母亲,那淡然的背后蕴藏着怎样的一种深沉的勉励啊,那正是我成长中不可或缺的源源不竭的动力。母亲的骄傲深埋在心底,我却要大声地喊出——我为母亲而骄傲。

## 无法删掉的手机号码

手机的号码簿又满了，我决定将那些几乎一直没拨打过的号码，转移到纸质的电话本上，以便腾出空间，补充必用的新号码。

移着移着，手指翻到一个熟稔的号码，我的心陡然一颤：哦，我敬爱的姜老师，您去天堂一年多了，您还好么？

我不知道，姜老师的这个手机号码如今是否还有人在用着。但是，只要看到这个号码，我的心就立刻飞到了姜老师身边，立刻能看到她清纯的微笑，听到她清爽的声音……于是，纷纷往事便不邀而至，瞬间便搅得我心海难平。

姜老师是我生命中很特别的一位老师。当年，在那所破烂不堪乡村中学，在几乎看不到任何升学希望的时候，她天使般地到来，以自己超负荷的努力，托起了我和许多同学的梦想，让我们考上了重点高中，并让我们由此更加努力，考上大学，有了精彩的人生走向……

只是，多年在外打拼的我，一度失去了与姜老师的联系，只是偶尔从同学那里得知她越来越优秀的信息，知道她当上了校长，成了教育专家。

三年前，我因公出差，路过母校，便去看望那里的老师们。在简直已发生了天翻地覆的变化的母校，听着头发斑白的教数学的李老师，介绍母校二十多年来坎坷而辉煌的发展历程。我们不约而同地提到了姜老师，慨叹她当年不仅改变了我们那一批学生的命运，甚至还改变了一所中学的命运——正是那年中考成绩令人惊讶地优异，让领导、老师、家长、学生们都开始重视那所长久被忽略的中学……

在李老师的帮助下，我拨通了姜老师的手机。当我报上我的名字后，已在县城一所中学当校长的她，竟惊喜地告诉我："我刚才还在阅读你发表在《读者》杂志上的文章呢，写得真好，老师很骄傲有你这样的学生。"

我激动地告诉她："我一定会尽快去看望您。"

她高兴地说："好啊，我也想看看你，个头长高了吗？还那么瘦吗？"

随后，我们又聊起了其他同学，没想到她那么关心我们的成长。往昔的许多琐屑的小事，她都记得清清楚楚。

更没想到，那天晚上，她竟打出租车，赶了七十多里的山路，亲自来看我。她说："放下电话，我就忍不住想知道你现在到底变成什么样子了，想着想着，就出门了。"

我感动而羞愧："应该是学生去看您的！"

"一样的，再说了，我也借光回到曾经青春飞扬的学校了。"她还是那么美丽、爽朗。

那天晚上，我们师生畅饮、畅言，快乐无比。

告别时，我与姜老师相约：第二年夏天，我约好在北京、南京、哈尔滨等地工作的几位她一直未曾见面的学生，我们一同去她的学校看望她。

然而，我怎么也不会想到，我们那次的"再见"，竟是我们的永诀。数月后，她猝然辞世，因为乳腺癌，发现时已是晚期。

据说，她在生命最后的一个月里，常常翻看着一张张毕业生合影，念叨着一个个学生的名字……但是，她没让身边的亲人惊动我们这些学生。

闻知姜老师逝世的消息后,我惊愕地呆住了。好长一段时间,我都不愿相信那是真的。

此刻,再次看到姜老师留给我的手机号码,我的心柔柔地疼痛。我毫不迟疑地越过这个号码,继续朝下面翻去。

是的,我无法删掉这个号码,尽管我知道自己也不会去拨打这个号码,但我一定要保留着它。因为一看到它,我就会想到姜老师,想到那些注定要刻骨铭心一辈子的往事⋯⋯

那一串早已记熟的数字,是一根最实在的纽带,只那么轻轻的一眼,我就可以立刻看到天堂里的姜老师,就能听到她永远年轻的笑声,不管时光怎样老去⋯⋯

无法删去的手机号码,牵着我的怀念,也激励着我。只有我真切地知道,那11位绝对不普通的数字,对于我来说,有着神奇的力量。

## 赞赏儿子的工作

那天是周一,我正准备出门,电话铃响了,著名的私营企业家方总抱歉地通知我,原定的采访安排取消,因为他要陪儿子参加市文化宫举办的业余书画比赛。

放下电话,我问在文化宫上班的妻子究竟是什么样的书画比赛,能让方总如此重视。妻子轻描淡写地告诉我,那种比赛文化宫每月都会搞一两次,大多是选一空阔的场地,让孩子们随意地写写、画画,再评一下等级,奖品也不过是日记本或卡通画之类。

我因此感到纳闷:不过是让孩子参与的一次娱乐性活动而已,方总为何还会看重?

到了单位,我与对面桌的小刘闲聊,惊讶地得知,方总的儿子患有先天智障,十八岁了,长了一米八的大个子,智商却仍停留在三四岁儿童水平上。

那他为什么还带着这样的儿子去大庭广众中参赛呢?我更困惑了。要知道,方总可是身家过亿元的商界精英啊,是本市声名显赫的人物。

小刘告诉我,方总很爱他的智障儿子,为了陪儿子学画画,他推掉了许多生意上的应酬,错过了不少的商机。据说,他家客厅墙上挂的,都是他儿子的画作,每有客人到家,他都会热情地向人介绍,仿佛那都是价值不菲的名家经典。

由是，我突然特别想见见方总的儿子，想看看他们父子在一起的情形。当我将这个想法向方总一提，他竟爽快地答应了。

周末，我如约赶到方总家。一进客厅，我便见到墙上挂着一幅幅精心装帧的画作，坦率地说，那些作品都十分幼稚，更像一个孩子顽皮的信手涂鸦，方总见我对那些画感兴趣，一脸自豪地告诉我，那都是他儿子方萌萌五年前的作品，现在画的比以前的还好。

我提出马上要见见他的"画家"儿子，方总指了指对面的一个小屋："他正在画室里工作呢，我们先不要打扰他吧。"

于是，我按事先列好的采访提纲，与方总交流起来。过了大约半小时，方萌萌拿着一张画走到方总跟前，孩子气地依偎在父亲怀中，把他手上沾的颜料抹到了父亲衣服上。

方总笑着表扬儿子："画得不错，快拿给这位叔叔看看。"

我装作认真地欣赏了一番方萌萌那实在很一般的画作，嘴里说着鼓励的话，心里却不住地嘀咕——每个人都有遗憾啊，在商界叱咤风云的方总，竟有这样一个弱智的儿子……

"儿子，回到你的工作室，继续你的工作吧，爸爸也要工作了。"方总怜爱地拍拍儿子的肩膀。

"您把方萌萌的绘画看成了他的工作？"我很惊奇地问道。

"不是我把他的绘画看成了他的工作，他也认为那是自己最好的工作，他喜欢，也品尝到了乐趣。"方总很认真地对我说。

"哦，我知道您成功的秘密了——您对工作有着不同于常人的理解，您懂得尊重每一种工作，懂得带着热情去工作，还能够体味工作的乐趣……"瞬间，我茅塞顿开。

的确，能够将智障儿子游戏性的绘画，看成一项神圣无比的工作，那不只是宽厚的父爱使然，更是洞彻人生的智慧使然。试想，我们面对孩子做的很多事情时，可曾想过那正是他们的工作，他们是否喜欢，是否从中找到了乐趣？而那些又是多么不该忽视的思考啊。

"那是儿子的工作"，方总这一句脱口而出的平常话语，让我第一次意识到：尊重他人所做的事情，与热爱自己所做的事情一样，不仅关乎胸襟与气度，还关乎智慧。

## 第八辑
## 不曾流泪的人生，注定是遗憾的

有些疼痛，是生命成长必须要承受的；有些泪水，是人生路上必须要流淌的。生活注定会有许多的不完美，注定会有不少的遗憾，不是所有爱的努力，都能够如愿以偿。无须抱怨什么，即使迎着风雨前行，你爱的信念不动摇，你的双脚就一定会带你走进明媚的天地。

# 邂逅你的苦涩年华

20年前的京广列车,速度比现在要缓慢得多。她是早上八点从长沙上的车,因为是临时决定前往广州,没能买到卧铺票,但在车票异常紧张的时期,她居然买到了一张临窗的硬座车票,还是相当知足的。

沿途变换的风景,不停地从车窗前闪过。赏倦了,她就拿出一本《诗刊》,慢慢翻阅。那会儿,她刚大学毕业,在一个令人羡慕的单位上班,阳光灿烂的生活里,充满了诗情画意。

临近中午时,车厢过道里站立的旅客越来越多,已经颇为拥挤了。能够有一个舒适的座位,的确是一件很幸福的事。

那个长得有些稚气的男孩,个子很矮,一只手攥着折叠起来的装化肥的塑料编织袋,他脸上带着兴奋和紧张。好像一上车,他就站在她对面的过道上,不时地朝车厢两端张望。

她看到他深蓝色的裤脚,有一个明显的破洞,有点儿皱巴的短袖衫,不利落地塞到腰带里,一个大编织袋塞在她的座位下面,鼓鼓囊囊的,不知装的什么东西。

忽然,车厢那端一阵骚动,检票员开始查票了。这时,他迅捷地展开手里的编织袋,唰地一下子套在自己身上。原来,那个袋子的另一端,早已被拆开,已变成一个圆筒。

他赶紧趴下，手脚麻利地钻入对面的座椅下面，整个身子蜷缩成一团。她忙收回双脚，生怕碰到他的头。

她曾听人讲过，火车上逃票的种种做法，没想到今天亲眼见识了这样一幕。

车厢里面的人实在太多了，检票员不时地扫视车座下面，居然没发现他。

检票员已走远，警报解除，一位中年妇女招呼他："小伙子，快出来吧，下面空气不好，别憋坏了。"

他伸开双腿，一点点地挪动，缓缓地退出来，在一位乘客的帮助下，他脱下编织袋，掸掉头上沾的灰尘，满脸的难为情，像犯了一个大错误。

与他的目光相对时，她看到了一抹可爱的羞涩。

她在小说中见到过不少他这样卑微的小人物，知道他们的窘迫、辛酸与无奈。

她冲他笑笑："一个人去广州？"

他不好意思地点点头："有老乡在那里打工，我也想过去看看。"

"哦，你这是去远方寻找青春的梦想。"她随口说出了一句诗意的话，因为那一刻，她想起了作家余华的那篇选入中学课本的小说《十八岁去远行》。

那位中年妇女递给他一个橘子，他推让了一会儿，还是接了过来。

接着，她知道了他来自湘西，高一没念完，便被迫辍学打工了，因为母亲一直生病，父亲又摔断了腿。昨天，他刚刚过完十八岁的生日。

说到以后，他坚定而自信地告诉大家，他一定好好打拼，拥有让人赞叹的成功。

她不无敬佩地给他鼓掌，为他逆境中那不肯折弯的信念和坚韧。

对照他，她简直是生长在幸福的大海里了。从小家境就十分优越，她穿的衣服漂亮又时尚，从小学到中学，读的都是重点，大学读的也是自己喜欢的专业，毕业找工作轻松愉快。长到二十四岁，她似乎从没遇到过什么挫折，更不要说经历什么磨难了。

下车前，她悄悄地替他补了一张十元的车票，免得他出站时遇到麻烦。他连连道谢，感动得竟有些手足无措，总想回赠给她点儿东西，却实在没什么拿得出手的。

她善解人意地告诉他："等着你有一天发财了，我去找你，你请我吃大餐。"

他使劲地点头："没问题，你一定要找我啊。"

他瘦小的身影裹在人流中，走出好远了，她仍站在那里张望着。

二十年的时光呼啸而过。她想过他的日子一定会好起来的，但没想到，当年那个毫不起眼的逃票男孩，真的像一部励志大片中的男主角一样，几经磨难，最终完成了人生华丽的转身。如今，他已是国内著名的"房产大亨"，个人名下已拥有数百亿财富，他频频亮相于报刊、电视和网络上，他的事业还在蒸蒸日上。

在长沙举办的图书会展上，她受一位出差在外的同事委托，去购买最新出版的一部畅销书，并请到现场的作家签名，因为同事的女儿是那位作家的铁杆粉丝。

在琳琅满目的书海中穿行，她真切地感受到了岁月匆匆的脚步。

如愿地买到书并讨到了签名，回转身来，朝出口走去时，她的目光被一巨幅广告吸引过去，那是在宣传一部传记，而传主正是当年慢行列车上那个落魄的小男孩。

她走过去，面对巨幅广告上满脸坚毅的他，曾经的那些细碎的情节，纷纷涌来。

她想起了与他告别时的约定，想到了他的羞涩和自信……

她情不自禁地买了一本他的传记，她想看看他当年在广州是如何淘到"第一桶金"的，以及他是怎样书写人生传奇的。虽然，她此前已经从报刊和电视上知道了一些。

她边读边感慨。

令她心暖的是,在书籍的第 58 至 60 页,讲到了他们那次列车上的邂逅,他感谢那些好心人给他的善意帮助。特别是她,一个衣着时尚的女孩,临下车前塞给他的那张车票,他至今仍保存着。还有,他一直记得当年的那个约定,期待着有朝一日,能够与她见面,请她吃大餐,还要当面向她致谢……

轻轻拭去眼角的泪花,她感觉幸福正向自己走来,如此清晰,宛若那些鲜亮的记忆。

她知道,很容易找到他,但她不会去找他。曾经的那些,都已变成了美好的回忆,且留藏在心灵深深处好了。

邂逅了他的苦涩年华,又看到了他的辉煌岁月,她更加坚信:这个世界上,一切皆有可能。

## 本是一颗不幸的黑痣

　　1823年，在英国南部城市威尔士的一个小城镇，一户穷困潦倒的农家，一个瘦小的女婴呱呱坠地。她不合时宜的降临，在愁眉不展父母的看来，只是让本已穷困的家中又多了一张吃饭的嘴。更让父母苦恼的是女孩两岁那年，左脸上突然生出一颗指甲大的黑痣，让她那张本来就不大好看的脸，变得更丑陋了。

　　来自亲人和周围人们更多的歧视的目光，让从小自卑感便很重的女孩变得更加抑郁了，她常常久久地望着远方发呆。父母更加不喜欢她了，只让她念了4年书，便让她去一家农场做工。女孩默默地听从了父母的安排，每天除了拼命地干活，一有空闲，她就躲到一个角落里，痴迷地读着能够找到的各种书，似乎只有沉浸在书籍的海洋中，她才可以忘却生活中那无尽的烦恼。如果不是因为那突如其来的预言，她十有八九会像许多贫苦农家孩子一样，默默无闻地走过凄苦的一生。

　　女孩命运的改变是在她13岁那年的春天。一位牛津大学的当时赫赫有名的哲学家，偶然地在那家农场的草垛旁，看到了正在全神贯注地读书的女孩，他不容置疑地对身旁的人说："哎呀，这个小女孩双目有神，心智非凡，将来肯定是这个小镇上最有出息的人，她脸上的那颗黑痣，其实是一颗幸运星。"

"真的是那样的吗?"哲学家的预言像一块巨石,砸在了女孩的父母和众人平静的心海里,他们不约而同地打量起平时谁都不愿意多瞧几眼的女孩。

许多事情就从那时突然变得奇怪起来——丑丑的女孩虽然没有一下子美丽多少,但却可爱许多,众人纷纷搜寻了许多的旁证,来附和哲学家的判断,以证明女孩的确与众不同。众口一致的赞赏的评语,深深地鼓舞了女孩的父母,他们像拣到了金子一样兴奋起来,女孩脸上的那个讨厌的去不掉的黑痣,在父母的眼里也陡然成了一种智慧的象征。接下来,一连串的幸运降临到女孩的头上——本镇最好的学校主动免费邀请她入学,一位大农场主主动登门认她为干女儿,为她提供了最好的学习条件,并帮助她一家人走出了贫困的阴影。

"女儿是神童"的说法还在不断地向四处传播,女孩陷入了众人羡慕和激励的包围中,一天天地自信、开朗起来,笑容一如阳光般灿烂起来,她的学习成绩一年比一年优异,还成了校园里的活跃分子,她的成绩和组织能力在同学中间出类拔萃。女孩脸上的那颗黑痣又扩大了一点儿,但这并没有妨碍许多英俊的男士频频向她示爱,她真的由丑小鸭变成了美丽的白天鹅。

后来,女孩取得了剑桥大学的博士学位,成了著名的爱丁堡大学当时最年轻的女教授和一名很有影响的社会活动家,再后来,她还做了伦敦市的市长助理。

随着时光的流逝,几乎已没有人记得女孩卑微的出身和她凄惨的童年,人们把更多的敬慕和赞赏投给了一步步迈向更大成功的女孩。

女孩35岁那年突然病逝,许多人不禁扼腕痛惜,因为她即将被提名为皇家科学院院士。后来,一位医生道出了女孩死亡的原因——是女孩脸上的那颗黑痣发生了癌变,癌细胞侵入了脑组织里。但此时,已经没有人在意这一点了,人们到处传颂的是女孩脸上的那颗黑痣,乃是上帝赐予的象征智慧和才干的幸运星，人人都在羡慕女孩，都在渴望自己也拥有一颗那样神奇的黑痣。

灯下，阅读那位名叫圣安·玛丽娅的女子近乎传奇的人生故事，我不禁喟然——本来只是一颗不幸的黑痣，竟然因为或许仅仅是不经意的一句预言，转瞬间便被附着了一股神奇的魔力，人间的不幸，也成了向上登攀的台阶，并由此让卑微的小女孩有了辉煌的一生走向。与其说是命运无常，不如说是奇迹无处不在，平凡如我辈的每个人，其实都拥有一脉储量极其丰富的矿藏，最关键的是要不断地去挖掘，靠自己，也靠别人。

◎ 本文入选大兴安岭地区中考语文试卷

## 那个跟头摔出来的是精彩

那是大一最后一科考试，他前面各科考得都很好，估计拿一等奖学金没问题了，可偏偏在这个节骨眼儿上，一向心地善良的他，犯了一个最不该犯的、也是最不值得的错误——他不忍冷落了本班那个秀气的小女孩琳琳热切求助的眼神，忘却了辅导员一再强调的考试纪律，悄悄塞给她一个写满答案的纸条，却没瞒过监考老师的眼睛，结果他和琳琳成了学校"严肃考纪"的对象，受到最严厉的处罚——被双双开除学籍。

面对那张大红的布告，他呆若木鸡，仿佛整个人儿只剩了一具空架子，微风拂过，便眼前一黑，一个跟跄摔倒在地。

要知道，能考上这所大学，对他来说是多么地不容易啊。他的家在贫困山区，第一年高考他以两分之差落榜，父亲愁了三天三夜，最后咬牙卖了耕牛，又把他送进了补习班。当他用超乎寻常的刻苦，拿到录取通知书后，一家人只有片刻的兴奋，因为那笔数目并不算大的学费，对他那过于窘迫的家庭来说，已是个不小的难题。

说什么也不能因为掏不出学费，让他这全村第一个大学生失学。村里的干部带头为他捐钱，左邻右舍你二十、他三十地凑足了他第一学期的学费。可以说，他是带着全村父老的殷殷期望走进大学的。

而现在，他因一时糊涂，酿成了无法弥补的大错。他悔恨得捶胸顿足，泪雨滂沱。

　　默默地收拾起简单的行囊，再次依恋地望一眼他热爱的大学，他脚步沉重地在街上游荡着——他好怕回家啊，一想到父母和乡邻们失望而痛苦的目光，他的心便一阵悸动，他实在无颜回去见父母和乡间的亲人。

　　不知何时，琳琳来到他身旁。这个害了他也害了自己的女孩，这些天来也一直在以泪洗面。事已至此，他也不再对她怨恨了。

　　"你真的不恨我吗？"记不清这是她第十几次这样问他了。

　　望着泪眼迷蒙的琳琳，他挤出一丝微笑告诉她："我现在最关心的，是以后该怎样做，跌倒了，我还会爬起来的，希望你也一样。"他竟安慰起她来。

　　"以后你打算怎么办？"她知道，他几乎再不可能考学了。

　　"我不想现在把自己被开除的消息告诉家里，先瞒着，暂时留在城里打工，等我打出一片新天地后再说。"他把这个酝酿了两天的想法跟琳琳说了。

　　"这样最好了。"琳琳赞同他这个无奈中的决定。

　　于是，他继续留在省城，但不再是那个佩戴白底红字校徽的大学生了，而是建筑工地上的一个干活特别玩命的力工。

　　出了校园，他换上了一套从地摊上花十块钱买来的粗布衣裳，搓搓捧了十二年书本的双手，暗暗地告诉自己：从前画个句号吧，从现在开始，只有靠自己了，必须咬紧牙关去闯，争取早日闯出一条路来。

　　他拼命地干活，拼命地挣钱，一边保证生存，一边在积累着创业的资本，设计着自己人生之路。

　　那个很挑剔的黑胖的老板，对看上去挺干巴、干起活儿来却很像样的他印象不错，干了三个月，就给他加了两次薪。当然，他不知道，晚上他一个人怎样心里流着泪，写信告诉乡下辛勤劳作的父母，说他找了一份很难找的挣钱的活儿，假期不能回去帮家里干活儿了，也不用再给他寄生活费了,他打工挣的钱已足够上学用了。

从这以后,他所有的与家里联系的信,都是委托班上同学帮助收寄的。也就是说,他被学校开除的事,对父母和乡邻整整瞒了三年,可见家里多么穷了,几年来,没有一个亲人来学校看过他。

那天,他感冒发烧得很厉害,几个工友都劝他歇一天吧,别挣钱不要命了。他说自己没那么娇惯,一点儿小毛病,不碍事的。结果,他脑袋发晕,眼前一黑,一个跟头从脚手架上摔了下来。

醒来时,发现胳膊上缠满了纱布,琳琳正坐在床头抹眼泪。他赶紧安慰她:"没事儿的,只伤了点儿皮肉,过两天就好了。"接着问她跟表姐卖服装的生意怎么样。

她说还不错,每月都能挣一千多块钱,然后告诉他,她托人帮他找了一份没危险的活——去报社做校对。

应该感谢琳琳为他找的这份工作,虽说一天下来累得他头晕眼花,挣得也没有当力工多,可是在细细地阅读那一篇篇文章时,他的写作欲望也被撩拨起来。校对之余,他忍不住拿起笔来,开始偷偷地写起文章来。其实,他的文学基础是很不错的,那年高考他的作文接近满分了。

当他拿着精心修改了好几遍的第一篇散文,请那位副刊编辑指点时,编辑惊讶地赞叹道:"小伙子,文笔很好嘛,多写点儿。"

闻此赞语,他高兴得差点儿跳起来。出了报社,他买来一大摞稿纸和信封,又从旧物市场弄来一个很破的但能使用的台灯,晚上回到他和那些建筑工们合租的简陋住处,扔掉饭碗,就一个人躲到角落里,拼命地爬起格子来,常常是一写就写到后半夜,很累也很高兴。他的文章主题大多是有关青春、人生的,常常是用发生在生活中的鲜活的事例,生动形象地阐述他对社会、人生和生命的思索与探寻。

他的勤奋很快有了回报,凝聚着心血的文章接连不断地见诸报端,有的还被报刊转载了。一时间,报社内都知道有一个打工的小伙子"文章写得挺好的"。

业余撰稿不仅增加了他的收入，还对他尽快摆脱离开大学校园的那片阴影、走出一条成功之路，产生了重大影响。当他兴奋地将一份份散发着油墨香的样报样刊，寄给他乡下识字不多的父母时，他的心里有了一种如释重负的感觉。

随着知名度的提高，他收到了很多约稿信，这令他更加勤奋写作。两年后，他从当铺弄回一台廉价的电脑，辞去了报社的校对工作，开始做起了自由撰稿人。当他一气呵成的《钢铁是这样炼成的》等纪实作品发表后，捧读来自全国各地的一封封热情赞许的信件，他激动的心情久久不能平静，更加深切地感到自己选择了一条正确的道路。

离开大学校园三年间，他没再向家里要一分钱，还给家里寄了几千块钱，并换了一台电脑，租了条件不错的房子，攒下了近千册的图书。

当他的散文集《飘逸的温馨》被出版社选中，即将出版之际，他的大学同窗们也完成了四年的学习生活，开始告别校园。这时，他也找到了一家接收他的工作单位，一同遭遇坎坷的琳琳，此时也已是那家国贸城里的一位颇有名气的女老板了。这些年来，他们一直是互相关心、互相鼓励的好朋友，一起憋着劲儿用行动擦去了那份刻骨铭心的耻辱。

至此，他隐瞒了三年多的漂泊经历，也到了该结束的时候了。当他风尘仆仆地赶回久违的家乡，满含泪水地站在父母面前，讲述三年来独自一人苦乐相伴的打拼经历时，他至亲的父母只是流着泪，抱怨他不该那样苦了自己，而他终于可以挺起胸膛自豪地告诉人们——青春岁月中，那个跟头摔出来的是精彩……

## 四分钱的午餐

交完各种费用,他兜里只剩下 83 块钱了。这些钱便是他跨入大学第一个月的生活费,为了凑足学费,父母已将全村几乎借了个遍。临来时父亲告诉他,要等下个月开了工资才能寄钱来。其实父亲只是个小学老师,一个月也就四百来块钱,弟弟和妹妹都在上学,一大家子人都在指望那点儿钱生活呢。无论如何,他是没法开口向家里要钱的。

看来只能精打细算地节俭着花了。好在来的时候,他带了两大罐子咸菜,只需买四两米饭或两个馒头,再喝点儿白开水就行了。

可他不愿在人多的时候走进食堂,不愿看到同学们比赛似的打来各种香喷喷的炒菜,围在一起津津有味地边吃边聊。他常常故意拖延着,等同学们都用完餐了,才拿上饭盒去食堂,买上两个馒头或四两米饭,躲到一个角落狼吞虎咽般地迅速消灭掉,他不想让同学看到自己那副穷酸样。

有时,为了掩饰自己的手头拮据,他还故意轻描淡写地在宿舍里跟大家说一声"今天的烧茄子真不好吃!"或者"嗨,又去晚了,熘肉片没吃着"。其实进入大学两周多了,他只买过三次炒菜,都是最便宜的只有五毛钱的炒土豆丝。

那天,他照例很晚才去食堂,买了两个馒头去墙角那个座位上。刚坐下来，班主任刘老师便一手用筷子插着两个馒头，一手拎着咸菜罐子，微笑着朝他这里走来。

"来，咱们互相交流一下。"刘老师说着，把自己的咸菜罐子推到他面前，又夹起他带来的咸萝卜。

他惊讶地问："刘老师，您也吃这个？"

"怎么？你以为我该吃什么？"刘老师友善地望着他。

"我是说，只有我这样的贫困生，才不会买炒菜……"他窘迫地垂下头来，心里有种酸溜溜的感觉。

"问题不在于我们吃什么，而在于我们吃的时候，该拥有什么样的心境。"刘老师说着，就着咸菜咬了一大口馒头，一副味道好极了的模样。

接下来，刘老师给他讲了她花四分钱吃午餐的经历——"那会儿，家里实在是困难极了，要不是我死磨硬缠着，家里说什么也不会让我去读高中的。我的学费还是东挪西借好不容易凑来的，记得临行前父亲跟我说，咱不能跟人家比吃的，咱唯一能比的就是学习成绩。我告诉父亲，我明白，贫穷不是错。于是，我的伙食标准降到了令人难以置信的地步。头一学期，我几乎连五分钱的菜汤都舍不得买，经常是买二两高粱米干饭，就着从家里带来的咸菜，对付一口算了。可我从来没自卑过，我总是笑呵呵地跟同学说，要想学习好，吃饭就得简单化。当然也有离开饭的时间还早、而我已饥肠响如鼓的时候，这时，我就跑出教室找个水龙头，灌上一肚子凉水应付一下。那会儿，我最盼望的是学校做高粱米干饭，因为它特便宜，四分钱就可以买二两。那位卖饭的师傅看到我的瘦高的个子，总要说一句多吃点儿，顺手多给我打上一些，至今我还记得那会儿的高粱米子是真香啊……"

刘老师无限怀念地讲着往事，语气中没有丝毫的羞涩，反倒有一种特别的自豪。原来他只知道那年她是以全校第一名的成绩考入大学的，却不知她曾吃过无数顿四分钱的午餐，并且将此作为一种磨砺、一种精神财富,永久地保存着……

听了刘老师的故事,他心里热乎乎的。想想入学以来,他为自己的贫困承受的所有的难为情,是多么没有必要啊。别人能够坦然面对富裕,自己为何不能坦然面对贫困呢?

从此,他不再为自己囊中羞涩而自卑,反而多了一份自如。他开始微笑着拒绝同学们的各种生日聚会、野外郊游等邀请,很响亮地告诉他们自己兜里没钱,也不愿接受他们救济性的帮助。

从此,他把更多的时间投入到学习当中,把各门功课都学得扎扎实实。当然也抽空去做家教,也去打工,但他始终记着——兜里缺点儿钱,并没什么了不起的,重要的是,无论如何,不能低下头来……

# 心 疼

　　暮春时节，我独自坐在故乡低矮的山冈上。一块块青葱的田野簇拥着小小的村落，素洁的云朵在头顶悠悠地飘移着，几声清脆的鸟鸣不时响起，似在提醒我面对的已不是从前的景象。一些蒲公英黄色的小花散乱地开着，泥土潮湿的气息混着残枝败叶发酵后的特殊味道，被微风带向了远方，连同花蕊年轻的梦和小草卑微的心愿。

　　一枚青青的柳叶悄无声息地飘下来，在我的肩头稍微一停，便躺在了脚边。

　　拾起柳叶摊于掌上，那清晰的脉络上正写满生命苍翠的木色，那青春燃烧的热望，在阳光中流泻得一览无余。

　　落叶不只是在秋天啊！抚摸着这枚提前坠落的柳叶，我胸腔里顿时有莫名的伤感冉冉而来。

　　我突然想起了只在一起念了半学期课程的一位小学同窗，他总拖着长鼻涕的形象，和老师对他那"写得像鸡爪子划拉的字"的评语，竟烙印一样深深地刻了我的记忆之中。而现在，他永远地睡在了山脚那条小河边了，一场突如其来的山洪定格了他的十六岁。据说，那天他是自告奋勇地去帮瞎眼的德福公公放羊，是为了救那只溺水的小羊而遭遇不幸的。

原来，生命的凋落竟是如此容易。我想起了同窗那次抄我作业时，曾许愿等冬天捕到野鸡会送我几根漂亮的翎羽，我可以做一个叫伙伴们都羡慕的毽子。如今，他像一根羽毛轻轻地飘走好多年了，连他的父母似乎都早已忘记了他，但我还能清晰地忆起关于他的点点滴滴，且每每忆起时，总有丝丝的悲伤固执地浸入心中。

我有很多的朋友，他们散在祖国的各个角落，优秀的如顶天立地的大树，平凡的如毫不起眼的小草。常常于不经意间，我会情不自禁地想起他们中的一些人，随即，就有温馨、温暖、温柔、温润……不约而同地走来，让我倍感拥有朋友的幸福。可蓦然间，意识到他们当中的某一位会在某一天突然永远地不辞而别，心里便会陡生一份凉意。虽然我明白，那是岁月不可抗拒的法则，我们只能看着那一天来临和走远。然而，我仍有挥之不去的疼痛，隐隐在心。

我把那枚柳叶轻轻地放到草丛里面，我希望那些正抓紧时间葱茏的草们，也能有与我一样疼痛的感觉。其实，关于生命的开始和结束，我所认识和理解的还远远不足，尤其是在那些被浮躁和忙碌裹挟的日子里，我的心很容易变得迟钝、麻木，变得轻飘，若失了根一般。

"别踩疼了那些雪"，一位第一次见到洁白雪花的女孩，告诉她的父母在雪地上要轻轻地走。我清楚地知道，女孩诗句一样温柔的叮嘱里，装的不只是晶莹如雪的爱，还有飘舞在人间的美……

那天，不经意地打开一档电视节目，看到一个摆小摊的修鞋工，在对着一张报纸悄悄地擦拭着滚落的泪珠。当记者追问他原因时，那个憨憨的汉子满脸真诚地回答，他看到那个因白血病而躺在床上的大学生，感到有些心疼，不知不觉地就掉泪了。

为一个素昧平生的人心疼得落泪，该是一颗怎样让人肃然起敬的慈悲之心啊。也许他并不信佛，也许他无法给那个大学生提供更多实际性的帮助，但这并不妨碍他拥有菩萨般的爱心，并不影响他在生活中摇曳一缕爱的芬芳。

　　懂得心疼,无论是对自己还是对别人,都是一种真、一种善、一种美,都会抚摩许许多多意味深长的细节,都会咀嚼很多很多平淡无奇的琐屑,会敞开心灵接纳更多的阳光,也会尽情地向世界播洒阳光……

# 像自己这样生活

他从小就非常崇拜那些成功人士，读小学时，写过一篇题为《像比尔·盖茨那样进取》的作文，老师当作范文在课堂上朗读，并赞许他志向高远。进入大学后，他更是迷恋上那些励志图书，如饥似渴地阅读了大量诸如《像伟人那样思考》《像强者那样行动》《像智者那样探索生》《像明星那样经营》之类令自己热血沸腾的书籍，他敬佩一个个古今中外成功人士辉煌的人生，为他们的梦想、奋斗、激情、智慧、执着等所感动，暗暗地将他们当作自己效仿的榜样。

然而，残酷的现实告诉他：尽管他十分认真地像那些成功人士那样思考、那样行动，他始终还是一个普通人，普通得一进入茫茫人海，便立刻没了踪影。

大学毕业后，他辞掉了那份不少人看好的工作，毅然地去做保险推销员。只因《世界上最伟大的推销员》那本书，点燃了他从零开始的激情，他要磨砺意志，渴望在不断地遭遇挫折后，也能够像那位杰出的推销员一样赢得堪称奇迹的成功。然而，四年艰苦的打拼过后，他并没有拥抱想象的辉煌，依然只是一个整天为温饱忙碌奔波的小人物。

苦恼过，叹息过，焦虑过，不甘碌碌无为的他，又开始了新的奋斗，他借钱投资创业，搞软件开发，做品牌服装代理，炒基金，种植进口花卉……多方尝试，多方探索，似乎每一个成功者走过的路，对他都是很大的激励。既然人家能够成功，为什么自己就不行呢？他骨子里不服输，又接连不断地闯荡新领域。结果，十几年过去了，时赚时赔，人到中年的他，仍囊中羞涩。成功，似乎有意地疏远他，在难为他。

那年秋天，他回到那个僻远的小山村。家乡已发生了很大的变化，许多年轻人都外出打工了，许多孩子也跟着父母进城了。村子里多是一些老人、妇女。春种秋收也大多机械化了，几乎没有人再积肥营养土地了，大家更相信化肥的威力，也很少有人再挥锄"汗滴禾下土"了，因为有了便捷的除草剂，一喷洒就基本解决问题了。大家自然地都那么做，因为那样的耕作方式，省时、省力，虽说成本较高，粮食品质较低，对土地的破坏较大，但明显的高产量，却鼓动着大家毫不犹豫地如此选择。

难道在农村老家，也吃不到真正的绿色食品了？他有些悲哀地问父亲。

父亲告诉他，只有邻村那个老耿头，种地还像从前一样，养猪养牛，广积农家肥，一车车地运到地里，种地从不买化肥。他还用牛耕地、耙地，还靠人力一锄头、一锄头地除草。只是，他种的粮食产量不高。

他很惊讶老耿头的固执，问其为什么不像别人那样种地。老耿头淡淡一笑："每一个人都有自己的一种活法，为什么要像别人那样呢？我觉得像自己这样种地最好，虽说辛苦一些，收入少一些，但保养了土地，还种出了更益于健康的粮食。"

真的这么简单？他很难想象别人都在图轻松、图多获利的时候，老耿头仍能如此悠然，不为别人的轻松成功所动。

"就这么简单，像自己这样生活，我感觉很知足，也很幸福。"老耿头朴实的话语里透着深刻的哲学意味。

"像自己这样生活"，他轻轻地重复了一句，心田里陡然洒入了一缕阳光。

哦，老耿头说得真好。只要是幸福的，就完全可以像自己这样生活，没有必要去模仿别人，去重复别人的道路。更何况，世间的许多成功是无法复制的。

后来，他听说老耿头不盲从他人的种地方式，被记者报道后，受到许多人的关注，很多经销商争相上门订购他的绿色粮食，出的价格也很高，他的收入比那些高产的粮食大户还多了。有些人也想效仿他，但经过多年掠夺性的耕种，那土地已损害得难遂人愿了。再说了，大家一时也难以建立起像老耿头那样的种地信誉啊……

没错，每个人都可以有许多选择，每个人都有自己的道路，但是，不管怎样虚心学习别人，都千万不要迷失了自己，不要企图把自己变成别人的样子，不要简单地抄袭别人的生活。须知：像自己这样生活，才能准确定位，才能从容、淡定，才能品味到属于自己的幸福。